Sibylle Krause-Burger

FREIHEIT, DIE ICH MEINE

UNBEQUEME GEDANKEN ÜBER
MACHT UND MENSCHEN

W0086808

SILBERBURG

1. Auflage 2019

© 2019 by Silberburg-Verlag GmbH,
Schweickhardtstraße 5a, D-72072 Tübingen.

Alle Rechte vorbehalten.

Umschlaggestaltung: Silke Nalbach, Mannheim,
unter Verwendung einer Fotografie
vom Institut Dr. Flad.
Coverfoto: Institut Dr. Flad.
Die Artikel in diesem Buch erschienen in den
Jahren 2011 bis 2019 als Kolumnen in der
Stuttgarter Zeitung.

Satz und Layout:
César Satz & Grafik GmbH, Köln.
Druck: Florjancic, Slowenien.
Printed in Europe.

ISBN 978-3-8425-2222-0

Besuchen Sie uns im Internet und entdecken Sie
die Vielfalt unseres Verlagsprogramms:
www.silberburg.de

Ihre Meinung ist uns wichtig … für unsere
Verlagsarbeit. Wir freuen uns auf Kritik und
Anregungen unter: **meinung@silberburg.de**

Inhaltsverzeichnis

URBI ET ORBI

ALLTAG

VORWORT

Acht Jahre liegt es nun zurück, dass die letzte Sammlung aus dem Fundus meiner Kolumnen als Buch erschienen ist. Im Verlaufe dieser Zeit hat sich die Welt radikal verändert. Nicht nur außerhalb unserer Grenzen, auch im Innern ist Grundstürzendes passiert. Vorweg der abrupte Atomausstieg nach dem Unglück von Fukushima. Nicht minder dramatisch und folgenreich brach die Flüchtlingskrise im Jahre 2015 über uns herein, als Angela Merkel für Hunderttausende die Grenzen öffnete und ihr »Wir-schaffen-das« in die Welt schickte. Seither ist die Bundesrepublik nicht mehr, was und wie sie war. Sie ist bunter geworden – ethnisch, religiös und parteipolitisch. Die rechtslastige bis rechtsradikale AfD hat sich etabliert und ist zur stärksten Oppositionsfraktion im Bundestag aufgestiegen.

Manche Umwälzung kam auch von außen, wie die Debatte um #MeToo, um jenen weltweit-weiblichen Feldzug gegen übergriffige Männer; dazu Sprachregelungen, die Minderheiten schützen sollen, aber unser schönes deutsches Idiom in seltsame Korsette zwingen. Nicht ganz so neu ist der selbstgefällige moralische Rigorismus, der das Gutgemeinte über das Gutzumachende stellt, sich lautstark zu Wort meldet und hier und da auch gegen den Rechtsstaat recht behalten will.

Die Guten sind so gut wie nie zuvor, die Bösen so abgrundtief böse wie seit Jahrzehnten nicht. Donald Trump, Vladimir Putin, Tayyip Erdogan, die Saudis und die Iraner versetzen die

Welt – und uns mit ihr – in Angst und Schrecken. Der hasserfüllte Populismus hat Konjunktur, bedauerlicherweise auch im demokratischen Westen. Und was Deutschland betrifft, so lässt sich keine Gegenwart ohne die Mahnungen aus der schrecklichen Vergangenheit betrachten.

Die Freiheit ist in Gefahr. Grund genug, gegen diese Bedrohung anzuschreiben. Dabei habe ich aufgespießt, was mir exemplarisch und über den Tag hinaus bedeutsam erschien. Manchmal ist es ein auffälliges Detail, bisweilen eine ungewöhnliche Persönlichkeit. Oft nahm ich zeittypische Ereignisse, Erlebnisse und Gebräuche, will sagen: den Mainstream ins Visier.

Diese kurzen Essays sind ausnahmslos in der Stuttgarter Zeitung erschienen. Bis auf einige wenige tagesbezogene Hinweise, die ich der Verständlichkeit halber streichen musste, sind sie hier unverändert abgedruckt. In ihnen spiegelt sich nicht nur die zu Ende gehende Ära Merkel, sie erlauben auch Ausblicke ins Weltgeschehen.

Um deutliche Worte war ich beim Schreiben dieser Texte nie verlegen. Kolumnen müssen zuspitzen, sie dürfen sogar polemisch sein. Das gehört zu ihrem Wesen.

Sibylle Krause-Burger
Stuttgart, im August 2019

LEUTE

Boris Palmer – ein selten unabhängiger Kopf

Hebt ihn auf den Schild, hängt ihm Orden um den Hals, lobt ihn, ihr Laudatoren, von welcher Zunft auch immer! Er hat's verdient, zumindest in diesem Moment: Boris Palmer, Oberbürgermeister der Universitätsstadt Tübingen, Sohn des vielen in lebhafter Erinnerung gebliebenen Remstal-Rebellen Helmut und nun selbst einer, der aufbegehrt. Ein unabhängiger Kopf. Das kommt selten vor.

In dem ganzen parteipolitischen Getöse um die Flüchtlingsfragen ragt er auch auf einer anderen Ebene heraus als einer, der zwar zu den Parteiprominenten zählt und doch ganz erdgebunden an der Sache entlang diskutiert. Dabei tut er, was sich nur wenige zu tun getrauen – er pfeift auf seine Grünen und ihre Dogmen, auf ihre Asylseligkeit. Er schaut auf das, was ist, auf die greifbaren Probleme, und er sagt, wie diese – wenn überhaupt – zu lösen sein könnten. Aber das will bei denen, die des wahren Glaubens sind, niemand hören oder lesen. Diese ideologisch hartleibigen Leute, die Hofreiters, die Göring-Eckardts – für die jeder Flüchtling schon a priori ein Neubürger ist – und dazu die Junggrünen, die den kritischen Tübinger aus der Partei werfen wollen, sie haben ein Programm. Boris Palmer aber hat Verstand.

So meldet er sich dieser Tage zum Thema aller Themen, dem übergroßen Strom der Flüchtlinge, zu Wort. Denn davon versteht er etwas. Als Kommunalpolitiker ist er ein Betroffener, und zwar im praktischen, nicht in dem so häufig bemühten und von Krokodilstränen umflorten Gefühlssinne.

Da steht dann als Gastkommentar – nicht etwa in der taz, sondern in der konservativen Frankfurter Allgemeinen Zeitung – und zwar just dort, wo einst Angela Merkel zum Königsmord an Helmut Kohl aufrief, das eigentlich für jeden denkenden Menschen Selbstverständliche: Unser Grundgesetz gewähre unbegrenzten Schutz nur für politisch Verfolgte. Außerdem: Grenzen ließen sich durchaus kontrollieren. Dazu auch dies: Wir müssten wissen, wie viele Menschen zu uns kommen, welches Geschlecht und welche Qualifikation sie mitbrächten. Und schließlich die Frage, die auch noch zu beantworten sei: wie viel Geld wir ausgeben wollten und was die massenhafte Immigration für den Arbeitsmarkt bedeute.

Was der Praktiker Palmer da von sich gibt, ist für die Partei der Grünen, bei denen etliche den Eindruck erwecken, sie seien irgendwo sonst in der Welt, aber nicht von deutschen Bürgern gewählt, die pure Ketzerei. Es ist auch radikaler, und also für die Vertreter der reinen Lehre entschieden verdammenswerter, als die gelegentlichen Ausreißer des freundlichen Herrn Ministerpräsidenten auf dem Reitzenstein. Auch der traut sich ab und an etwas gegen die Generallinie seines Vereins. Zum Beispiel bei der Abstimmung im Bundesrat, wo er aus der Phalanx der mit den Grünen regierten Länder ausbrach. Es war sein Entgegenkommen, das anno 2014 einer Initiative der Großen Koalition in der Frage der sicheren Herkunftsländer zur Gesetzesgeltung verhalf.

Erst das Land, also die Allgemeinheit, dann die Partei – zu dieser Maxime bekannte sich auch Erwin Teufel gern. Doch bei vielen Politikern weiß man immer schon im Voraus, wie sie auf dieses und jenes Ereignis regieren, parteiblind, wie sie sind.

Was solche Leute sagen, passt stets ins parteipolitische Spielfeld. Es entspricht den Erwartungen und ist folglich entsetzlich langweilig. Interessant wird es, wo Politiker diesen Rasen verlassen. Dann geht es um Sein oder Nichtsein. Helmut Schmidt, mit seinem Eintreten für den Nato-Doppelbeschluss, brachte seine Partei so sehr gegen sich auf, dass er am Ende sein

Amt verlor. Seine Partei zog nicht mit. Auch Gerhard Schröder reizte die Sozialdemokraten mit der Agenda 2010 bis aufs Blut. Sie und ihre Anhängerschaft sahen sich ihrer politischen Identität beraubt. Am Ende obsiegte die Christdemokratin Angela Merkel, wenn auch knapp.

Da ergeht es dem Boris Palmer schon besser. Im Oktober 2014 ist er wiedergewählt worden, und dies auf acht Jahre und direkt vom Volk. Ihm kann keiner, obwohl er in der Flüchtlingssache doch weit rechts steht von Angela Merkel in ihrem Elfenbeinturm. Mut muss er trotzdem aufbieten, denn die ideologisch unbeirrbaren Grünen können verdammt humorlos sein. Man denke nur an den Farbbeutel, der dem Joschka Fischer während eines Parteitags aufs Ohr klatschte und sein Trommelfell verletzte, weil er als Außenminister für militärische deutsche Hilfestellungen im Krieg auf dem Balkan eintrat, also den pazifistischen Comment der Grünen verletzte.

Aber genau das ist von der Politik gefragt: das Unbequeme zu sagen, nicht nur unterschiedslose Freundlichkeit, sondern auch Konsequenz zu zeigen. Schmidt und Schröder haben verloren und am Ende doch gesiegt. Nicht weil sie gegen ihre Partei auftraten, sondern weil sie gegen ihre Partei das schmerzlich Notwendige und für die Allgemeinheit das Rettende ins Auge fassten. Wer jedermanns Liebling sein will, sagte der Palmer-Kollege Manfred Rommel einmal, wird jedermanns Dackel. In Tübingen, hinterm Schönbuch, hat man's vernommen.

Der Besuch der alten Dame

An diesem Sommertag war das kleine Kirchlein rappelvoll. Viele Besucher fanden keinen Sitzplatz. Die Menschenmenge ergoss sich sogar bis vor das Eingangsportal hinaus. Aber die Leute hatten sich auch nicht zum Gottesdienst versammelt, und vorne war kein Altar aufgestellt, nur ein schlichtes Pult. Von dort aus richtete sich eine kleine, ältere, etwas mollige Frau mit dichtem grau meliertem Schopf und freundlichen dunklen Augen an ihr Publikum. Sie sprach frei und vollkommen ungekünstelt in einem altschwäbisch klingenden Tonfall, sagte »Grieß Gott, liebe Freinde« und erzählte von ihrem Leben und dem Buch, das sie darüber auf Italienisch geschrieben hatte und das sie nun in einer deutschen Übersetzung vorstellte.

Manchem, der ihr zuhörte, kamen die Tränen dabei, obwohl das alles schon sehr lange zurückliegt.

Aber an diesem Samstagvormittag, im jüdischen Museum zu Göppingen-Jebenhausen, das in dem alten Kirchlein untergekommen ist (und das durchaus einen Ferienausflug lohnt), wurde die unglaubliche Geschichte der Autorin, die einmal Hannelore Geschmay hieß und sich nun, seit ihrer Flucht, Anna Laura nennt, wieder ganz lebendig.

Es ist die Geschichte einer Schwäbin jüdischen Glaubens und ihrer großbürgerlichen, nachgerade Buddenbrook'schen Familie, Eigentümer der Württembergischen Filztuchfabrik in Göppingen, eines der großen jüdischen Betriebe in der Stadt an der Fils. Mit dem David Geschmay, dem Großvater, einem zupackenden Gründerzeitunternehmer, fing alles an. Sein Sohn Hans, Anna Lauras Vater, der Tüchtige aus der nächsten Generation – kreativ, beweglich, über die Grenzen des Landes hinausblickend, sich im Ausland fortbildend – brachte die Firma weiter voran und baute in Italien ein zweite Fabrik auf. Weltoffen und weltgewandt war er und doch, wie so viele Juden vor dem Dritten Reich, ein glühender deutscher Patriot. Freiwillig meldete er sich zum Dienst im Ersten Weltkrieg, hochdekoriert kam er zurück. Spät, aber nicht zu spät erkannte er die Gefahr und floh mit seiner Frau und den drei Töchtern nach Marghera bei Venedig.

Auch dort, im faschistischen Italien, muss er mit den Seinen bald untertauchen. Doch Hans Geschmay hat Freunde, die helfen und die Familie von einem Versteck zum anderen weiterreichen. Alle fünf überleben. Die beiden Großelternpaare aber kommen in den Konzentrationslagern der Nazis um. Sie waren 72 und 76, 77 und 82 Jahre alt!

Anna Lauras Büchlein, mit dem Titel »Von der Schwäbischen Alb zur Venezianischen Lagune«, herausgegeben vom Jüdischen Museum Göppingen, ist kein literarisches Meisterwerk, sondern eine mehr und auch weniger geordnete Sammlung von zum Teil sehr privaten familiären Erinnerungen. Doch an vielen Stellen erzählt der Text Ergreifendes und Exemplarisches. Er kündet von der Größe der Menschen, von ihren Abgründen und nicht zuletzt von einer seelenlosen Bürokratie.

Da ist der Hinweis des Deutschen Konsulats in Venedig an Hans Geschmay:

Infolge eines seit dem 1. Januar 1939 gültigen Gesetzes müsse er seinem Vornamen den zweiten Vornamen Israel anfügen. Da ist auch die Aufforderung an Tochter Hannelore aus Göppingen, sie solle sich zur »Abwanderung« im großelterlichen und zur Sammelstelle für die Deportation umfunktionierten Hause einfinden, dabei auf »vollständige Bekleidung und gutes Schuhwerk« achten und »Mundvorrat für zwei bis drei Tage« mitnehmen. Und da sind nicht zuletzt die Abschiedsbriefe der Großeltern mit dem Wunsch, die Nachkommen mögen gesund bleiben. In ihren letzten Sätzen blüht die Hoffnung auf, man möge sich wiedersehen. Sie hat sich nicht erfüllt.

Besonders eindrücklich ist jedoch ein Brief, der zwar im Dritten Reich geschrieben wurde, mit den politischen Verhältnissen jedoch nichts zu tun hat. Verfasst hat ihn Anna Lauras Vater im Jahre 1936 zum fünften Geburtstag seiner Tochter. Darin erinnert er sich an das Märchen vom Zauberring. Wer ihn besitze und drehe, habe drei Wünsche frei. Hätte er so einen Ring, dann wünschte er seinem Kind als Erstes, dass es immer gesund bleiben möge. Der zweite Wunsch: Ein gutes Gefühl für die Dinge, die man tun will oder tun soll – »die Großen heißen das den Instinkt der Moral und der Ethik«. Und der dritte Wunsch: »Möge Gott Dich behüten und beschützen, denn ohne seine Hilfe sind wir alle kümmerliche Geschöpfe.«

Dieser Brief muss seine Früchte getragen haben. Am Ende jenes denkwürdigen sonnenbeschienen Vormittages in Göppingen-Jebenhausen leerte sich das alte Kirchlein noch lange nicht. So viele Besucher warteten auf eine Signatur oder einen Händedruck von der ebenso bescheidenen wie selbstbewussten alten Dame. Sie war zurückgekommen. Für ein paar Stunden, ja fast für einen ganzen Tag. Heimgekehrt war sie nicht.

Wie man ein Denkmal vom Sockel stößt

Theodor Eschenburg, das war einmal ein großer Name. Die Brunnenstraße 30 zu Tübingen, von wo aus der Professor für Wissenschaftliche Politik – so hieß das damals – allzeit pfeiferauchend als »praeceptor germaniae« in die ganze Bundesrepublik hinein wirkte, galt uns Studenten als ein magischer Ort. Und wenn er am Tag des Studium Generale in der Neuen Aula seine Vorlesungen über »Moderne Typen der Herrschaftsordnung« hielt, dann faszinierte seine bühnenreife, witzige und anekdotenreiche Darstellung des politischen Alltags auch die Hörer aus anderen Disziplinen. Der Saal quoll über, wir hockten auf Treppen und Fenstersimsen, wir lernten, wie die Demokratie funktioniert und was die Freiheit sichert oder bedroht.

Allwöchentlich war auch in einer Kolumne der »Zeit« nachzulesen, wie der Tübinger Demokratielehrer, der zugleich als Publizist von sich reden machte, die politische Praxis mitsamt dem Handeln der verantwortlichen Personen analysierte und kritisierte. Viele Themen, die uns heute noch beschäftigen, tauchen in Eschenburgs scharfsinnigen Überlegungen bereits auf. So die Probleme der Parteienfinanzierung, des Solds der Politiker, der Ämterpatronage, des Einflusses der Lobby oder auch der Neigung von Regierungen, Wahlgeschenke zu verteilen. Seine Begriffe von der »Herrschaft der Verbände« oder dem »Gefälligkeitsstaat« treffen heute wie damals den Kern kritikwürdiger Zustände.

Theodor Eschenburg saß gleichsam als Beobachter im Zentrum des Räderwerks der Republik, und wo die Zähnchen nicht nach den Regeln des Grundgesetzes ineinandergriffen, meldete er sich zu Wort. Er war ein Wächter, war auch Befürworter des Gemeinschaftskundeunterrichts und der Lehrerfortbildung. Die Mächtigen in Bonn zogen ihn zu Rate. Und an der Gründung des Südweststaates hatte er einen maßgeblichen Anteil.

Das alles gelang ihm nicht nur aufgrund seiner Erfahrungen in der Weimarer Republik, als einem, der dem Außenminister Stresemann nahegestanden und den Niedergang des Systems leidvoll erfahren hatte. Theodor Eschenburg war auch als Person ungewöhnlich: schlagfertig, einfallsreich, unterhaltsam und originell, freilich nicht immer angenehm. Sprachen andere, so schlief er gern ein. Nach Widerreden konnte er, wobei seine Augen in gefährlich schimmernde Blautiefen abtauchten, cholerisch und bisweilen ungerecht aufbrausen. Doch wäre er nicht gewesen, so hätte der jungen Bundesrepublik eine wesentliche Farbe gefehlt.

Deshalb hat die Deutsche Vereinigung für Politische Wissenschaft vor Jahren zu Recht einen Theodor-Eschenburg-Preis ausgelobt. Den erhielt in diesem Herbst ein gewisser Claus Offe, ein emeritierter Politologe, für sein Lebenswerk. Eine schöne Gelegenheit für den Professor aus Berlin, dem seit 13 Jahren toten und somit wehrlosen Namensgeber posthum die Ehre abzuschneiden. In seiner Dankesrede machte sich der Preisträger also zum einen über Eschenburgs Vergangenheit im Dritten Reich her, monierte dessen kurze Mitgliedschaft in der Motor SS, die der Geschmähte freilich nie verschwiegen hatte. Zum anderen ging es um ein Arisierungsverfahren, mit dem Eschenburg als Angestellter eines Wirtschaftsverbandes sehr am Rande befasst war, allerdings ohne am Ende dem Betroffenen zu schaden. Eher im Gegenteil. Eine etwas undurchsichtige Sache gleichwohl, in welcher sich der damals junge Familienvater durchwurstelte. Erst vor Jahresfrist wurde sie bekannt und hochgespielt. Eschenburg hätte sich doch in seinen Memoiren damit moralisch auseinandersetzen müssen, so dozierte der Preisträger jetzt von oben herab.

Ein weiterer Vorwurf dieses Hochfahrenden betrifft Eschenburgs Wissenschaft. Sie erscheint Offe zu theoriefern und zu praxisbezogen, heute also nicht mehr zum Vorbild geeignet. Nach alledem ist nun der Vorschlag einer als Gutachterin für den Fall beauftragten Kollegin im Gespräch, dem Preis in Zukunft einen anderen Namen zu geben. Ein Ausschuss des Politologenverbandes soll in den kommenden Monaten darüber entscheiden.

Natürlich darf man kritisieren, dass Theodor Eschenburg sich aus Angst wegduckte, dass er kein Widerständler war. Das trifft zu, sonst wäre er ja im KZ oder in Plötzensee am Fleischerhaken gelandet. Selbstverständlich ist es auch erlaubt, ein Denkmal zu stürzen. Aber hier versucht einer allzu offensichtlich, im Doppelpack vom moralischen Sturz eines Hochverdienten zu profitieren. Der feine Herr Offe nimmt den Preis, gleichzeitig bläst er sich zulasten des Namensgebers pharisäerhaft auf. Was für eine Chuzpe!

Aber dieser Supergerechte ist ja auch nicht allein. Er geht mit dem Geist einer Zeit, in der es nur so wimmelt von Leuten, die heute in ihrem Fett ganz genau wissen, wie es sich dazumal in der Hölle der totalitären Diktatur so anfühlte und lebte, und dass es ganz selbstverständlich war, Hitler und seinen Schergen erhobenen Hauptes Widerstand zu leisten, dabei das eigene Leben und das von Frau und Kindern aufs Spiel zu setzen. Sie hätten es getan, gewiss, sie wären dabei gewesen. Jeder Offe ein kleiner Stauffenberg. Klar doch. Mir erscheint es allerdings viel wahrscheinlicher, dass gerade solche Charaktere auch damals schon dem Zeitgeist gehuldigt und ihr Fähnchen in den Wind gehängt hätten.

Kein Katastrophenbewusstsein

Nehmen wir mal an, ein politischer Heiligenschein wäre jetzt zur beginnenden Weihnachtszeit zu vergeben. Abgesandt von ganz oben würde er suchend durch die voradventliche Nacht segeln, mal bei Angela Merkel vorbeischauen, weil die sonst so Kühle im Bundestag ausnahmsweise mit Leidenschaft gesprochen hat. Ebenso könnte unsere Himmelserscheinung Friedrich Merz, den Wiederkömmling, streifen, nachdem er sich unglaublich mutig und bescheiden zur oberen Mittelschicht zählt. Auch AKK käme als zu Segnende in Frage, ob ihres taktischen Geschicks zwischen den erregten Gockeln im Kampf um den Vorsitz der Union. Aber Sieger muss doch ein anderer sein: Robert Habeck, der Schöne aus dem Norden, Parteivorsitzender der Grünen. Um sein Haupt könnte der Strahlenkranz sich winden. So einen Guten hatten wir schon lange nicht mehr.

Andere, wie die Sozialdemokraten, müssen sich mit dem Hin und Her beim Abzwacken der angeblich so ungerechten und demütigenden Hartz IV-Wirklichkeit quälen. Dabei verliert die SPD eine Wahl nach der anderen und landet im aktuellen ARD-Deutschland-Trend bei schäbigen 14 Prozent. Habeck aber mitsamt seinen Grünen, dessen Partei Schröders befreiende Reform mitgetragen hat, sammelt die Stimmen von links und von rechts und kommt in dieser Momentaufnahme auf hehre 23 Zähler. Das ist echt gemein.

Um das grüne Glück vollkommen zu machen, spielt der Parteichef nun auch noch den Nikolaus. Er zieht ein bedingungsloses Grundeinkommen aus seinem Geschenkesack für jede und jeden, sofern die das brauchen. 30 Milliarden soll es kosten, auf dass, wenn die Leute sich ihr Geld holen, niemand mehr von Sanktionen gequält und gedemütigt werde – mal abgesehen von den anderen, die das mit den Steuern aus ihrer Hände Arbeit bezahlen müssten.

Sei's drum. Deutschland ist reich. Das sagen die einen. Die anderen sind sicher: Es gibt zu viele, die zu wenig haben. Beides stimmt natürlich. Und mittendrin sitzt unser lieber, freundlicher Robert Habeck mit Annalena Baerbock an seiner Seite, einer unschlagbaren Schwertgosch. Sie sind das Vorzeigepaar für das neue, das zukünftige das ökologischste, das menschenfreundlichste, das bunteste, das toleranteste Deutschland, das es je gab. Da soll man nicht begeistert sein? Und darin soll man sich nicht wiedererkennen? Die Sozialdemokraten sind halt von gestern, die Grünen stehen für das Heute. Also bitte! Willkommen, grünes Schlaraffia, nimm uns in deine Arme. Wir sind dein.

Dabei ist das alles gar nicht so neu.

Schon Karl Marx träumte in seinen frühen Schriften davon, »heute dies, morgen jenes zu tun, morgens zu jagen, nachmittags zu fischen, abends Viehzucht zu treiben, auch das Essen zu kritisieren, ohne je Jäger, Fischer oder Hirt oder Kritiker zu werden, wie ich gerade Lust habe«. Das liest sich so grün und lustig, als habe er geahnt, was in besseren Zeiten kommen kann, und es mit einem ironischen Schmunzeln zu Papier gebracht.

Unser Robert, der so unbeschwert von Wahlerfolg zu Wahlerfolg eilt, schmunzelt leider gar nicht. Ich fürchte, er meint das alles ziemlich ernst. Das darf man ihm aber nicht verübeln. Es liegt an der Generation, der er und die allermeisten seiner Wähler angehören, einer Generation ohne Katastrophenerfahrung und folglich auch ohne Katastrophenbewusstsein. Es liegt an der Zeit, an den siebzig Jahren, die sie gedauert hat, eine friedliche Zeit, eine Zeit des wachsenden Wohlstands, eine Zeit, in der Deutschland wieder respektabel und mächtig wurde und – abgesehen von der Flüchtlingsfrage – unter keinen Problemen leidet, die an Grundfragen rütteln.

Wo immer man auch hinsieht: Unsere Sorgen möchte man gerne haben. Und ja, lieber Karl Marx, hier kann man doch tatsächlich am Essen herummeckern, hier ist genug Vorrat da, um sich auch noch auf die abseitigste Diät zu verlegen. Hier darf jedermann in und außerhalb des Internets den Kritikaster spielen. Post oder Podcast. Vegan oder nur vegetarisch. Fleisch oder Pseudofleisch. Gluten oder Lactose. Körnchen oder Kügelchen. Alles ist möglich. Das sind die wahren Lebensfragen. Da können sich andere eine Scheibe abschneiden.

Immerhin, der Klimawandel sitzt den Habecks noch im Hinterkopf. Um die Flüchtlinge kümmern sie sich eh mit Wonne – das gehört zu ihrer DNA –, blockieren im Bundesrat sogar das Votum des einzigen grünen Ministerpräsidenten, des wunderbar vernünftigen Winfried Kretschmann, der Tunesien, Algerien und Marokko als sichere Herkunftsstaaten einstufen will. Aber was soll's? Ist nicht bis jetzt immer alles gut gegangen? Wer spricht noch von der Finanzkrise? Wer von Griechenland? Die Polen und die Italiener lenken ein. Europa geht auch ohne die Briten nicht unter. Alles gut. Die Welt beneidet uns. Wir haben doch Robert.

Der ist von Beruf nicht nur Politiker, sondern auch Schriftsteller. Eins seiner Bücher trägt den Titel »Traumblind«. Nomen est omen. Möge der Heiligenschein, der nun sicher auf seinem Haupte gelandet ist, ihn ein bisschen erleuchten und sehend machen. Im nächsten Jahr kann alles schon ganz anders sein.

ÄRGERNISSE

Der Dirigent darf den Potentaten lieben

Wladimir Putin ist eine Anfechtung, eine Art Gottseibeiuns, nicht nur für die aufmüpfigen Pussy-Riot-Frauen und andere Freiheitsfreunde in Russland. Auch für alle demokratisch Rechtschaffenen im Westen – mit Ausnahme von Gerhard Schröder – ist er zur Zeit in Acht und Bann geschlagen. Ein Unberührbarer. Deshalb verspürt unser Bundespräsident nicht die geringste Lust, mit dem östlichen Potentaten auf Olympia-Tribünen herumzusitzen und wie ahnungslos zu lächeln. Und die Kanzlerin, die sonst liebend gerne hochrangige Männerwangen küsst und sich im Übrigen, die Bedauernswerte, im Vergleich zum französischen Kollegen gar nichts gönnt, reicht dem Russen nur kühl die Hand. So weit, so verständlich.

Schwieriger ist es, wenn die Kunst ins politische Spiel kommt. Denn die bekanntlich sehr musikalischen Russen haben der Welt immer wieder geniale Komponisten und begnadete Interpreten geschenkt. Einer von ihnen heißt Valery Gergiev. Er zählt zu den derzeit Allerberühmtesten seiner Zunft, leitet das Philharmonische Orchester Rotterdam, das London Symphony Orchestra und wird auch die Münchner Philharmoniker zu außerordentlichen Höhen führen. Dieser Star hat nur einen entscheidenden Fehler. Er liebt Wladimir Putin, er verehrt den Gebannten. Noch schlimmer: Gergiev tut dies auch öffentlich kund und verstieg sich unlängst während einer Pressekonferenz im Zusammenhang mit der Diskussion über Putins Anti-Homosexuellen-Gesetz zu der Bemerkung: vor Kindern solle man besser über Puschkin und Mozart reden als über nicht traditionelle Lebensformen. Das hätte er nicht tun sollen, der Schändliche, weshalb eine Kritikerin der Wochenschrift »Die Zeit« zu dem Schluss kam, »das westliche Musikleben« sollte so frei sein und so frei bleiben, sich zu überlegen, ob es einen Dirigenten wie diesen braucht.

Donnerwetter! Bei der Lektüre dieses Artikels aus den spießigsten Tiefen des Zeitgeistes sind die Rotterdamer und Londoner, die Münchner und mit ihnen alle, die im »westlichen Musikleben« etwas zu sagen haben, gewiss mächtig ins Grübeln geraten: Müssen vielleicht – im Sinne politischer Korrektheit und öffentlicher Moral – die politischen Gedanken eines Künstlers mit denen der zuhörenden oder zuschauenden Mehrheitsgesellschaft im Einklang sein? Brauchen wir entweder einen Gesinnungstest, bevor wir Auftrittserlaubnis erteilen? Und gilt auf alle Fälle ein Redeverbot für Pianisten, Violinisten, Cellisten oder Dirigenten, wenn ein Fehltritt auf dem geheiligten Parkett der politischen Korrektheit droht? Hört unsere Meinungsfreiheit auf, wo der moralische Mainstream zu fließen beginnt? Und wer ist nun intoleranter – der inkriminierte Musiker mit seiner putinlastigen Bemerkung oder die unerbittliche Musikkritikerin?

So viel immerhin ist gewiss: Der Versuch, die Kunst der herrschenden politischen Lehre anzupassen, hat keine demokratische Tradition. Ganz im Gegenteil. Ich dachte sofort an Josef Stalin, dem Dmitri Schostakowitschs Kompositionen nicht fromm-kommunistisch genug waren und der ihn zwang, Jubilierendes zu schreiben. Mir fiel Adolf Hitler ein, der Felix Mendelssohns wunderbare Werke aus den Konzertsälen verbannte, obwohl sie so urdeutsch-romantisch klingen. Doch ein Jude hatte sie erdacht.

Also mussten sie getilgt werden.

Die Nazis und die DDR-Sozialisten brandmarkten den Jazz, der ihnen zu wild, zu revolutionär, zu freiheitstobend klang. Und die Israelis – was freilich nicht von Staats wegen verordnet ist – wollen die Musik Richard Wagners nicht hören. Das kann man nachvollziehen, und doch erscheint es mir ungerechtfertigt. Ja, Richard Wagner war ein schrecklicher Antisemit. Aber er lebte lange vor dem Holocaust. Und was kann seine Musik dafür, dass Hitler sie liebte und zu seinen verbrecherischen Zwecken benutzte?

Die Kunst gehört sich selbst. Wir dürfen sie nur genießen. Auf keinen Fall gehört sie der Politik. Wollten wir sie nach den gerade herrschenden politischen Meinungen oder gar den persönlichen Mängeln der Künstler bewerten, dann wäre die Liste der Fragwürdigkeiten lang. Was machen wir dann mit dem religiösen Antisemiten Martin Luther, der ja nicht nur ein großer Reformator, sondern auch ein großer Dichter und Sprachschöpfer war, ohne den die deutsche Sprache nicht wäre, was sie ist? Wollen wir das alles wegwerfen und die Bibel, wenn überhaupt, wieder mal, wie Feministinnen fordern, in einer »gerechten Sprache« lesen? Verdammen wir Goethes Lyrik, nur weil er in unserem Sinne kein Demokrat war, seinen feudalen Herzog liebte und Napoleon anhimmelte? Sehen wir uns jetzt keine Ausstellung mit den unter den Nazis verbotenen Bildern des Farb-Genies Emil Nolde mehr an, nachdem der Künstler – trotz aller Verfolgung – jetzt als Hitler-Begeisterter entlarvt worden ist? Und wollen wir auch keine Aufnahmen mit Wilhelm Furtwängler mehr hören, der im Nazi-Reich eine zwielichtige Rolle gespielt hat?

Na also! Ganz offensichtlich liegt doch etwas Faschistisches in den Reinheitsgeboten, angeblichen Unvereinbarkeiten und moralischen Unbedingtheiten, die gerade im Schwange sind. Dabei ist es in Wahrheit völlig schnuppe, was Valery Gergiev politisch denkt. Und was immer er dazu sagt, können wir in unserem freiheitlichen Klima doch leicht verkraften. Zu werten und zu gewichten ist allein seine Musik.

Moses Mendelssohn – Der halbierte Sokrates

Als der schmächtige Vierzehnjährige, zu Fuß aus Dessau gekommen, am Rosenthaler Tor in Berlin Einlass begehrte, durch das allein Juden (und das Vieh) im Jahr 1743 die Stadt betreten durften, da wurde der Junge gefragt, was er hier denn wolle. Lernen, gab er zur Antwort. Das tat er denn auch, und zwar so gründlich, dass seine Zeit am Ende von ihm lernen konnte. Moses Mendelssohn hieß er, einer der großen Philosophen der Aufklärung im 18. Jahrhundert, Freund Gotthold Ephraim Lessings und Vorbild für dessen Drama »Nathan der Weise«. Der Sokrates von Berlin, so sahen ihn seine Zeitgenossen. Nach ihm sollte jetzt der Platz vor dem Jüdischen Museum benannt werden. Eine löbliche Idee. Schwierig jedoch, sie umzusetzen.

Nicht etwa, weil Mendelssohn ein Jude war. Natürlich nicht. Wir leben ja nicht mehr im Dritten Reich. Nein, das Problem in der Debatte um die Namensgebung des Platzes ergab sich aus seinem Geschlecht. Denn Moses Mendelssohn war bekanntlich ein Mann. Im grünheiligen Bezirk Friedrichshain-Kreuzberg aber, wo aus Gleichberechtigungsgründen erst dann wieder ein männlicher Name zur Geltung kommen soll, wenn 50 Prozent aller Straßen nach Frauen heißen, galt der Name Moses Mendelssohn – Berühmtheit hin, Weltgeltung her – frauenpolitisch als Affront. Und also brütete die grün-rot dominierte Bezirksversammlung einen Kompromiss aus. Fortan ist die liebe Ehefrau des Moses weiland, die mit ihm eine ganze Dynastie von hochbegabten Deutschen begründete, miteingebunden. Der Platz wird nun, so ist es jüngst beschlossen worden, Fromet-und-Moses-Mendelssohn-Platz heißen.

Der Geschlechtergerechtigkeit ist also Genüge getan. Doch Moses Mendelssohn, der Philosoph der Toleranz, wenn er heute von irgendeiner Wolke auf sein Berlin herabschauen könnte, würde über diese Entscheidung bestimmt milde lächeln und mit dem weisen Haupte wackeln: Ach, sie haben es immer noch nicht begriffen! Erst durfte man kein Jude, jetzt darf man kein Mann sein. Sterben diese zwanghaften Menschheitsbeglücker denn nie aus? Müssen sie stets irgendwelche Ideologien und Regeln erfinden, um zu rechtfertigen, dass sich alle anderen nach ihrer Lebensweise zu richten haben?

Ja, lieber Moses, so ist es. Sie sterben nicht aus. Und sogar in unseren aufgeklärten und vom Bonner Grundgesetz wunderbar bewehrten Zeiten ist an einem weltbekannten Ort wie dem Jüdischen Museum diese ebenso hirnrissige wie hinterwäldlerische Namensgebung nun in Kraft. Ein Opfer auf dem Altar des Quotengottes, der vielleicht hier und da Gutes tut, aber gelegentlich doch auch gewaltig danebenhaut. Und so greift sich gewiss mancher Museumsfreund – aus New York oder Tel Aviv – ein bisschen verstört an den Kopf, wenn er zu verstehen versucht, warum der Platz so heißt, wie er heißt. Doch das wäre durchaus noch zu ertragen.

Bedenklicher ist das Exemplarische an diesem Berliner Vorgang: die Verkleinerung, ja Halbierung eines großen deutschen Philosophen aus Gründen vermeintlich fortschrittlicher Prinzipienreiterei. Wobei die Jockeys in diesem Rennen um das verordnete grüne Glück auf Erden ihrem Pferdchen gerne Zügel anlegen, wenn es um die eigene Gutmenschen-Klientel geht. Dann ist man nicht so pingelig, dann kann man die Dinge auch lockerer sehen.

Aber Moses Mendelssohn gegen die Straßennamenquote: da gab es kein Pardon. Doch bei Silvio Meier, einem von Neonazis 1992 erschlagenen links-alternativen Aktivisten, ist das selbstverständlich etwas ganz anderes. Die Gabelsberger Straße in Kreuzberg trägt seit Neuestem seinen Namen. Und auch für Rudi Dutschke hat man schon ein Straßenstück freigekämpft.

So ist das eben mit diesen Leuten, welche die Welt ausschließlich nach ihrem Bilde formen und dabei partout und für alle Ewigkeit recht behalten wollen. Tolerant sind sie schon, vor allem aber im Umgang mit sich selbst, wie zum Beispiel mit dem reizend kinderlieben Daniel Cohn-Bendit und seiner Hosenlatzgeschichte. Da schreiben dann Mütter entlastende Briefe, die ihre Sprösslinge zu der fraglichen Zeit gar nicht in seine Obhut gegeben hatten. Und da ist der ganze abstoßende Text über die Kinder, die sich ihm genähert und an der bewussten Stelle gestreichelt hätten, ja nur provokativ gemeint gewesen. Na klar.

Aber wer weiß das wirklich? Und wie steht es mit der pädophilen Werbewirkung solcher Bekenntnisse? Trotzdem Schwamm drüber und ausgerechnet den Theodor-Heuss-Preis obendrauf gegeben. Gutmensch bleibt nun mal Gutmensch.

Mancher Fehltritt macht den guten Menschen sogar noch besser. Margot Käßmann etwa, die anno 1910 Glück hatte, in ihrem alkoholisierten Zustand niemanden verletzt oder gar zu Tode gefahren zu haben, wurde von Antje Vollmer, der früheren grünen Vizepräsidentin des Deutschen Bundestags flugs wegen der »drei Gläschen Weiswein« entlastet. Und wäre es nach Frau Vollmer gegangen, deren Mitgefühl sich einstmals auch über die armen gefangenen RAF-Mörderchen ergoss, so hätte die protestantische Priesterin ihr Amt natürlich behalten dürfen. Sie gehört halt zum Clan. Moses Mendelssohn aber ist für diese banalen Beglücker offenbar ein Verkünder von einem ganz anderen Stern. Nicht ganz zu Unrecht!

Von Lebenslügen und politischer Moral

Unlängst, im Verlaufe einer privaten Abendeinladung, kam ich mit einem der Gäste in ein aufschlussreiches Gespräch. Mein Gegenüber, Mitte fünfzig, ein Babyboomer, wohlbehütet aufgewachsen, präsentierte sich uneingeschränkt als Jünger der neuen Zeit. Er fahre nur hybrid, erzählte er mir, sofern er überhaupt mit dem Auto unterwegs sei. Meistens entscheide er sich für öffentliche Verkehrsmittel. Wenn alle die Luft verpesten, müsse er es nicht auch tun. Insofern sei er, obwohl SPD-Wähler, ganz grünversifft, wie man heute so sage. Dann blickte er mich streng an, wunderte sich, dass in meiner Familie jeder ein eigenes Auto fahre, und schlug vor: Wir könnten uns doch auf einen einzigen Wagen beschränken und abwechselnd das Notwendige erledigen.

Klar. Asche auf mein Haupt. Schon schämte ich mich, weil ich doch so leidenschaftlich gern mit meinem kleinen Benziner – keinem Diesel, ich bitte Sie! – durch die Gegend brause. Aber dann, im weiteren Verlauf unserer Unterhaltung, berichtete der edle Mann von seinen Kurzurlauben in den vergangenen Monaten – auf Madeira, in Israel, in Marokko. Drei Flugreisen in einem Jahr, geradeso, als ob laue Lüfte, vielleicht ein Teppich und nicht Kerosin-getriebene Maschinen die Passagiere zu diesen Orten trügen. Ich traute meinen Ohren nicht.

So also kann der Mensch sich selbst belügen: energiewendisch daherreden und energieverbrauchend genießen. Eine feine, zumeist sehr bürgerliche Sache ist das, weitverbreitet in der Republik und mit Tradition – unter Privatleuten wie in der Politik. Man zeigt sich verantwortungsbewusst gegenüber der Gemeinschaft, präsentiert sich ganz auf der Höhe der ökologischen, weltoffenen, multikulturellen Zeit, ist Vorbild, Mitglied einer Gruppe, einer Gemeinde, einer Partei und fühlt sich großartig. Da dürfen sich die Energiefrommen schon mal an die Brust klopfen und auf sündige Autofahrer wie mich verächtlich tadelnd herabschauen.

Die guten Taten glänzen nun mal im Licht. Den düsteren Rest sieht man eher nicht.

Denn auch die Batterien der E-Autos und E-Fahrräder hinterlassen bekanntlich gefährlichen Müll, mit dessen Export wir vielleicht eines schönen Tages Bewohner in Afrika oder in anderen Armutsländern beglücken werden. Und woher soll all das allein selig machende E, woher sollen die Unmengen Elektrizität kommen, wenn wir die Atomkraftwerke vollends abschalten, wenn wir Kohle, schwarz oder braun, nicht mehr verstromen und wenn wir Abhängigkeiten vom Gas des bösen Wladimir Putin vermeiden wollen?

Außerdem scheint die Sonne in unseren Breiten nicht immer so ausdauernd auf die Solarzellen wie im Sommer 2018. Bisweilen stehen auch die Windräder still. Ganz abgesehen davon, dass sie den Naturfreunden ein Dorn im Auge sind, die Landschaft verschandeln, Biotope zerstören und Vögel meucheln. Der Zoff um geplante Strommasten und Oberleitungen ist gleichfalls nicht von Pappe. Da streitet dann, oh weh und ach, grün gegen grün. Und keiner weiß, wie's ausgeht.

Es ist eben nicht ganz so einfach mit der Energiewende und der deutschen Makellosigkeit. 50 Prozent Erneuerbare in unseren Netzen bis 2030, 80 Prozent gar bis 2050, wie vorgesehen – kann das gelingen? Erst recht zu bezahlbaren Preisen für die Verbraucher und ohne den Industriestandort Deutschland zu gefährden? Und wenn das Modell zu kippen droht? Was dann? Dann importieren wir den Strom aus den rissigen Meilern hinter unseren Grenzen. Hauptsache, wir bleiben sauber.

Unbegreiflicherweise haben sich die Japaner trotz der Katastrophe von Fukushima anders entschieden. Sie halten an der gefährlichen Technologie fest. Wir aber, die wir eine halbe Weltumrundung entfernt leben, setzen gerade wegen Fukushima die prompte Energiewende anstelle eines bedächtigeren Ausstiegs in Kraft. Kann man das verstehen?

Man kann. Wir Bundesrepublikaner wollen eben nicht nur Exportweltmeister, wir wollen auch Ökoweltmeister und Meister der politischen Moral sein. Deshalb zauberte Angela Merkel die Energiewende wie das Kaninchen aus dem Hut. Deshalb gab sie im Schicksalsjahr 2015 einem Massenansturm von Flüchtlingen nach – und dies nicht nur für einen humanitären Moment. Mit ihren willkommensfreundlichen Fotos und Äußerungen sorgte sie für noch mehr Zulauf. Bis heute beharrt sie darauf, richtig gehandelt zu haben, obwohl sie ihren Kurs längst geändert hat. Auf der jüngsten Münchner Sicherheitskonferenz pries sie die Entscheidungen von damals sogar als einen Beitrag zur Stabilisierung der Region. Darauf muss man erst einmal kommen.

Vom Erstarken der AfD im Geleitzug der Flüchtlingspolitik, von dieser nationalistischen Bedrohung für die Demokratie in der Bundesrepublik samt den anderen Riesenproblemen war nicht die Rede. Wen wundert's? An allen Schwierigkeiten – mit der Integration, mit der Wohnungsnot, mit der Kriminalität und mit den Abschiebungen – trägt, dem Himmel sei Dank, eh der Seehofer Horst die Schuld.

Geld gegen das Schicksal

Money, money, money. Milliarden umschwärmen uns wie Motten das Licht. Unbegreiflich, unbezahlbar, unfassbar. Der Rettungsschirm schwebt so weit über dem Horizont von Otto Normalverbraucher wie das Universum. Doch unter der Millionenabfindung eines gewissen Leo Apotheker können wir uns gerade noch etwas vorstellen, jenen 13 Millionen Dollar also samt etlichen weiteren Vergünstigungen, die er für eine Beschäftigung von elf Monaten bei Hewlett Packard im Silicon Valley kassieren durfte. Nicht etwa, weil er in dieser Zeit erfolgreich war, sondern ganz im Gegenteil, weil er an der Spitze des Konzerns versagt und den Aktienkurs in den Keller bugsiert hat. Begreiflicherweise wollte man ihn da loswerden. So etwas kommt vor, selten jedoch mit derart ausufernden Abfindungen.

Herzlichen Glückwunsch, Herr Apotheker!

Warum aber erhält ein einziger Mensch so viel Geld? Warum gewähren Unternehmen ihren Vorständen Millionen und Abermillionen? Und weshalb glauben Manager, solch ausufernde Belohnungen beanspruchen zu dürfen?

Das ist eine Frage, die sich stets neu stellt.

Die Antwort, die allemal folgt, ist der Hinweis auf die Verantwortung. Doch der Herr Apotheker ist seiner Verantwortung nicht gerecht geworden, wird aber trotzdem fürstlichst bezahlt, und die Bundeskanzlerin verantwortet sehr viel mehr, verdient jedoch entschieden weniger. Allerdings fließen auf der Seite der Manager private Mittel, für die Politiker kommen die Steuerzahler auf. Wirklich?

Ja, wirklich. Und doch sind auch die Großvermögen dem Fleiß der Gemeinschaft abgetrotzt. Und wenn etwas verschleudert wird, geht das alle an. Deshalb kritisieren wir die Gier jener Leute, die sich gegenseitig, mal als Vorstand, mal als Aufsichtsrat, die Millionen zuschieben. Aber Gier, was heißt das eigentlich?

Was hat man sich darunter vorzustellen? Vielleicht einen, der im Keller sitzt und mit irr glänzenden Augen sein Geld zählt?

Nein, die Gier, die so oft ins Feld geführt wird, ist in ihrem tiefsten Kern nicht die Gier nach immer mehr Geld. Denn davon haben diese Leute doch längst genug. Sie können sich alles leisten, sie besitzen längst die schönsten Häuser, Autos, Yachten, die begehrenswertesten Frauen und was das Leben im Luxus sonst noch zu bieten hat. Ganz abgesehen davon, dass ihnen die Zeit fehlt, die Millionen und Abermillionen beim Ausgeben zu genießen – sofern sie nicht gerade gefeuert sind.

Hier geht es vor allem um die Gier nach dem, was das viele Geld so mit sich bringt. Auf der Seite der Unternehmen ist es ein Ausweis ihrer wirtschaftlichen Potenz, die Anstrengung, im Ranking ganz oben zu stehen. Bei den Begünstigten sind es Gefühle der Überlegenheit, der göttergleichen Bedeutsamkeit, der Allmacht. Das viele Geld ist ein Signal, eine Duftmarke, ein Siegel, ein Totem. Es wirkt nach außen und zeigt an:

Hallo, ich gehöre zum Club, bin einer von Euch, ja mehr, einer der Ersten unter Euch. Nach innen sagt es: Mir kann keiner, mir kann nichts passieren, ich habe das ewige Leben. Amen.

In anderen Zeiten, wie im alten Ägypten, haben sich die Potentaten und ihre Kohorten Pyramiden gebaut. In China hat ein Kaiser aus lauter Angst eine Armee tönerner Soldaten unter die Erde stellen lassen. Heute, im Zeitalter des Kapitals, häuft man Berge von Geld gegen die Sterblichkeit und die Schläge des Schicksals auf. Die bleiben trotzdem nicht aus.

Denn es sind alles Menschen. Und es sind auch keine ökonomischen Genies. Unter Umständen sind sie sogar ein bisschen primitiv und in erheblichem Maße verlustbringend, wie der ehemalige Daimler-Chef Jürgen Schrempp, oder verführbar, wie sein ewiger Mentor Hilmar Kopper, und am Ende erfolglos, wie jetzt Leo Apotheker. Sicherlich gibt es unter ihnen auch heute noch so herausragende und untadelige Persönlichkeiten, wie einstmals

Alfred Herrhausen, der 1989 von der RAF in die Luft gesprengt wurde. Doch wie auch immer der Einzelne gestrickt ist, die Honorierungen und Abfindungen dieser Leute, die bei den Löhnen der Untergebenen gern knausern und in der Industrie den Zulieferern jeden Cent abpressen, haben etwas zutiefst Anstößiges. Und zwar nicht nur in Kalifornien, wo der Herr Apotheker kassiert hat. In Zeiten der Globalisierung ist Kalifornien überall.

Auch bei uns in Deutschland. Weder die Finanzkrise noch das darauf folgende Managergesetz haben daran etwas geändert. Die Dax-Vorstände etwa verdienen mittlerweile rund 22 Prozent mehr als vor den Wirren, macht bis zu 9 Millionen Euro bei den Top-Leuten pro Mann und Nase. Und obwohl hier meistens kein Versagen vorliegt, vielmehr Erfolge zu vermelden sind, ist doch klar, dass keine menschliche Einzelleistung solche Honorierungen rechtfertigen kann.

Natürlich ist es nicht dasselbe, an einer Werkbank zu stehen oder einen Konzern mit Tausenden von Beschäftigten zu leiten.

Die Menschen und ihre Talente sind verschieden, und alle Gleichmacherei ist deshalb von Übel. Aber die geradezu obszönen Privilegien einer Kaste in Zeiten, da die Gemeinschaft unter ihren Schulden ächzt, sind es gewiss auch.

WIE FRAUEN LEBEN

Grüß Gott, Herr Professorin

Männer, hütet euch! Männer, macht euch klein! Männer, verschwindet endlich von der Bildfläche! Der Weiblichkeitswahn geht um.

An der Leipziger Universität, diesem Hort des Geistes und der Vernunft, wo man allenfalls ein paar restliche Stäubchen aus dem sozialistischen Muff von vierzig Jahren, aber kein Mittelalter im Denken vermutet hätte, haben sich die Teufelsaustreiber durchgesetzt. Dort hat ein Senatsbeschluss für die neue Verfassung den Professoren männlichen Geschlechts zumindest sprachlich den Garaus gemacht. Sie werden nun alle als Professorinnen tituliert, vorausgesetzt, das sächsische Wissenschaftsministerium traut sich nicht doch noch, diesem Irrsinn zu widersprechen. Doch damit rechnet niemand in diesem Haus. Also bleibt es dabei. Sei mir gegrüßt, Herr Professorin. So besiegt man mit Sprache die Wirklichkeit.

Da lachen natürlich die Hühner, da wiehert die ganze Republik, da krümmt sich vor Vergnügen, wer noch halbwegs bei Verstand ist. Und es wäre wirklich nur ziemlich lustig, geschähe so etwas ausschließlich in irgendwelchen feministischen Zirkeln und nicht an einer deutschen Universität. Aber dieser Männerexorzismus, dieser Kniefall vor dem, was ein paar weibliche Fanatiker für politisch korrekt halten, macht auch an vielen anderen Orten Schule. Der sprachliche Tod des Mannes soll endlich ausgleichen, dass hier über Jahrhunderte alles von diesen haarigen Burschen aus dem anderen Geschlecht beherrscht worden ist. Jetzt hat man sie einfach in den Wind geredet. Denkt frau.

Doch das ist nun gar nichts Neues, aber es wird immer toller. Anfangs konnte man noch darüber hinweghören, wenn in Ansprachen die lieben Mitglieder und Mitgliederinnen begrüßt wurden, um die anwesende Damenwelt eines Vereins ausreichend zu würdigen. Und an den von SPD-Rednern tausendfach wiederholten und stets die heilige weibliche Endsilbe vernuschelnden Einwurf »liebe Sozialdemokratnnn und Sozialdemokratnnn« haben wir uns längst gewöhnt. Allenthalben ergänzen ja die Binnen-Innen sämtliche Berufsbezeichnungen in den Stellenanzeigen von den gesuchten KleintierzüchterInnen bis zu den suchenden GroßwildjägerInnen. Sprachlich ist das grauenhaft. Aber bitte, geschenkt. Und zugegeben: Es war ja auch gar nicht nett, wenn Redner in früheren Zeiten Ihr Publikum mit »Meine Herren« anredeten, obwohl eine Handvoll Frauen vor ihnen in den Reihen saßen.

Aber nun treiben es die MannsteufelsaustreiberInnen doch ein bisschen zu weit. Wobei es keine Rolle spielt, dass die Leipziger Schnapsidee, wie berichtet wird, ausgerechnet von einem Mann stammt. Getragen wird solcher Schwachsinn von der Gender-Bewegung, in der man dem absurden Gedanken huldigt, Männer und Frauen, dazu Hinz und Kunz, Homo und Hetero seien absolut gleich, die Unterschiede nur anerzogen.

Weshalb man vor allem mal die bösen Männer abschaffen kann. Ein amerikanischer Bestseller, aus der Feder einer Frau, versteht sich, hält das schon für gelungen.

Solcher Unsinn ist unter sehr vielen Leuten heute selbstverständlich – es ist sozusagen Mainstream. Nicht im ganz normalen bundesrepublikanischen Alltag, aber doch in manchen sich modern und besonders kritisch gebenden Kreisen und eben an den Universitäten, wo sich die Gender-Lehrstühle vermehren wie die Kaninchen.

In einer Statistik der Freien Universität Berlin zählte ich 164 Genderprofessuren an deutschen Universitäten und Fachhochschulen. Das ist schon fast eine Industrie, auf alle Fälle aber eine Jobmaschine für meschuggene Akademikerinnen. Und tatsächlich sitzen auf diesen Lehrstühlen fast ausschließlich Frauen. Das wahre Leben bleibt draußen, sie aber sind drin, atmen nichts als Binnenluft, bestätigen sich gegenseitig und kämpfen gegen den Mann und die Natur. Und während sie dort das Geschlechterleben erforschen, wenn man das überhaupt so nennen kann, nehmen sie nicht mehr wahr, was sie sind und wie sie sind. Offenbar haben sie für sich selbst hinwegdiskutiert, dass sich die Menschheit aus dem Quell des sichtbaren und spürbaren Gegensatzes von Mann und Frau fortpflanzt. Oder haben sie gar das Wunder der menschlichen Parthenogenese entdeckt?

Natürlich können Frauen alles, was Männer können, solange es nicht auf die schiere körperliche Kraft ankommt. Das steht außer Frage. Manches können sie sogar besser. Doch dass es nur anerzogene Unterschiede zwischen den Geschlechtern gibt, das ist nichts anderes als ein Wahn. Diesen Wahn zu systematisieren, das Systematisierte zu propagieren und sprachlich festzulegen, also in Dogmen zu verwandeln, das hat nichts mit Wissenschaft zu tun. Es gehört nicht an die Universität und muss nicht mit Steuergeldern gefördert werden. Es hat etwas Sektiererisches, ja Totalitäres, etwas Faschistisches. Es soll gegen jede Erfahrung geglaubt und gelebt und gegen gewisse, als feindlich ausgewiesene Gruppen und Überzeugungen ins Feld geführt werden. Na denn prost! Nur noch Weiblichkeit? Und das auch noch als allein selig machende Lehre? Leipzig, mir graut vor dir.

Auf die Knie, ihr Kerle!

Alarm! Alarm! An der Feministinnenfront tut sich was. Aus allen möglichen Ecken und Enden im Blätterwald der Republik schreit es uns unisono entgegen: Kampf den alten weißen machtgeilen Männern, Kampf den männlich geprägten Strukturen, Kampf den Männern überhaupt. Das geht dann bis zur gespielt vulgär angedrohten Strafe der Kastration, wie in der Wochenschrift »Die Zeit« verkündet und mit einem triumphierenden Aufschrei verziert: Ha, Buben, jetzt sind wir dran und dabei mindestens so schweinisch wie ihr! Auf die Knie mit euch! Da möchte man wahrlich kein Kerl sein.

Obwohl es absolut angesagt erscheint, in diesem Chor mitzusingen, findet die Aufführung fern des bundesdeutschen Alltags in einer eigenen Welt statt. Einer Gespensterwelt. Mit den wirklichen Problemen dieser Gesellschaft hat die verbreitete feministische Aufgeregtheit wenig zu tun. Doch es ist so schön, einmal richtig auszuteilen; es macht gute Gefühle, sich als Opfer auszugeben; es verschafft Genugtuung, Respekt einzufordern; es ist lohnend, sich wichtig zu machen. Und natürlich gibt es abscheuliche Machos wie die Herren Weinstein oder Trump, natürlich gibt es Frauen, die unterdrückt, beleidigt, misshandelt werden – vor allem in anderen Weltgegenden oder in den Parallelgesellschaften des Westens. Und darüber hinaus?

Bei uns sieht es erst einmal ziemlich gut aus. Da garantiert das Grundgesetz die rechtliche Gleichstellung von Mann und Frau. Eine Bundeskanzlerin regiert das Land, eine Verteidigungsministerin kommandiert die Truppen. An der Spitze von CDU, SPD und Grünen stehen Frauen. Im Fernsehen sprechen mindestens so viele Frauen wie Männer die Nachrichten und Kommentare. Die bekanntesten Moderatorinnen sind weiblich. Eine Frau steht dem Bundesgerichtshof vor. Frauen leiten Schulen, Krankenhäuser, Museen, Forschungsinstitute und mittelständische Unternehmen.

Dass Frauen trotz alledem in den leitenden Positionen von Wirtschaft und Gesellschaft oft unterrepräsentiert sind, hat weniger mit der Perfidie der Männer als mit den Grundbedingungen der weiblichen Natur zu tun.

Sie können Kinder bekommen. Aber da man nur schwer gleichzeitig einen Job – erst recht einen Spitzenjob – ausüben und einen Säugling stillen kann, wirft sie die Mutterschaft beruflich zurück. Zunächst sitzen sie zu Hause fest – körperlich und emotional. Es ist nun einmal nicht dasselbe, Kinder nur zu zeugen oder sie danach auch noch auszutragen. Der Vater kann ihm nicht die Brust geben, vorerst wenigstens. Da helfen auch die schönsten Genderträume nichts. Kein Binnen-I löst das Problem, nicht die Entfernung einer angeblich sexistischen Schrift von einer Berliner Hauswand, nicht die gendergerechte, unser schönes Deutsch verhunzende Sprache überhaupt.

Das alles ist völlig irreal. Unsere Zeitgeist-Amazonen erfinden Probleme, um sich mit deren Lösungen als Verein der Weltbeglückerinnen präsentieren zu können. Was etwa ist damit gewonnen, wenn sich nun niemand mehr traut, von Studenten zu sprechen und zu schreiben? Wenn wir jetzt nur noch Studierende haben, weil angeblich nur dieser Begriff die Studentinnen miteinschließt?

So sehen ideologische Verkleisterungen aus. Das Leben findet ganz woanders statt. Statistisch gesehen ist das Kinderkriegen für Frauen das Haupthindernis, um Karriere zu machen. Und es ist der Hauptgrund dafür, dass sie in Teilzeitbeschäftigungen arbeiten, also weniger verdienen als Männer und im Alter geringere Renten beziehen. Angesichts dieser Tatsachen ist es völlig schnuppe, ob die Straße um die Ecke den Namen einer Frau oder eines Mannes trägt, worüber in Berlin heiß gestritten wird.

Was also kann helfen? Hilfreich ist Geld. Dann kann man sich eine Nanny leisten. Hilfreich sind Großmütter, und hilfreich vor allem sind Kitas. Ganz vereinzelt erweist sich auch ein Mann als haushütender Retter, selbst wenn er seinen Sprössling nicht zu säugen vermag.

Weil das alles so schwierig ist, bleiben viele Erfolgsfrauen kinderlos. Wer Kinder in die Welt setzt und kaum Betreuungsmöglichkeiten hat, begnügt sich notgedrungen mit verminderten Chancen und geringerem Einkommen. Solange die Babys nicht aus dem Bauch der Väter oder aus der Retorte kommen, haben wir es hier, was die weibliche Aufholjagd betrifft, mit einem Rest an Unlösbarkeit zu tun.

Nun ist in dieser Legislaturperiode auch noch der Frauenanteil im Bundestag von 36,5 auf 30,7 Prozent gesunken. Statt sinnlos herumzugendern und das Phantom des alten weißen Mannes zu jagen, wäre hier ein Feld für weibliche Wirkungen gegeben. Also hinein in die Parteien, Ortsvereine entern, Delegiertenkonferenzen dominieren, ein Mandat erringen, für noch mehr Kitas sorgen, Papa bleibt abends beim Nachwuchs: Das wäre viel mehr als diese eitle feministische Schaumschlägerei.

Freiwillig in schrecklichsten Gefangenschaften

Manchmal, wenn mir auf einer unserer Straßen zwei schwarz umhüllte Augen begegnen, muss ich an mich halten. Diese Augen ziehen mich geradezu magisch an, schon weil sie das einzig Sichtbare sind an einer im Übrigen hinter dem dunklen Tuch völlig verschwindenden Frauensperson. Ich schaue dann weg und tue so, als sei diese Erscheinung das Normalste auf der Welt. Das ist es aber nicht. Zumindest nicht in der Bundesrepublik Deutschland. Deshalb würde ich gerne in diese Augen schauen, würde das Wesen dahinter gerne ansprechen und würde fragen: Warum tust du das, Schwester? Warum gibst du deine Individualität an der Garderobe ab? Tust du es aus Tradition oder aus Glaubensgründen?

Tust du es, weil ein Mann dich dazu zwingt?

Aber natürlich spreche ich die vermummten Augen nicht wirklich an. Das gebieten die Höflichkeit und die bei uns geltende Toleranz. Mit Augen allein kann man auch nicht sprechen, mit Augen kann man sich nur wortlos austauschen. Ohne das ganze Minenspiel zu sehen, ist eine Kommunikation ausgeschlossen. Die Augen der Umhüllten bleiben also ganz auf sich gestellt. Ich erfahre nicht, kann es auch nicht erkennen, ob sie Selbstzufriedenheit, Überheblichkeit oder einen Hilfeschrei aussenden.

Auf alle Fälle sind es Augen, die von einem Leben außerhalb der Gesellschaft erzählen, von einer Gefangenschaft in schwarzem Tuch. Bisweilen sieht man sogar blaue Augen hinter solcher Verhüllung, vermutlich die Augen einer Frau, die nicht aus dem Orient stammt und sich trotzdem unter das Joch eines fundamentalistischen Glaubens begeben hat. Aus Liebe zu einem Mann, versteht sich, oder besser: aus der Vorstellung dessen, was diese Liebe sein könnte, aus einer erotischen Fantasie, die womöglich mit tausend Versprechungen begann und der irgendwann ein böses Erwachen folgen wird.

Auch die jungen Mädchen, die sich aus der Welt der Freiheit und der rechtlichen Gleichstellung von Mann und Frau aufmachen, um in den vorgeblich heiligen Krieg zu ziehen, werden aufwachen: die zwei verschwundenen Österreicherinnen, die drei am Frankfurter Flughafen aufgegriffenen Amerikanerinnen, dazu an die vierzig Deutsche und viele andere Europäerinnen. Ihre Fluchten sind noch weniger zu verstehen als die der zahlreichen jungen Männer. Wenn Männer in Richtung Dschihad abtauchen, werden sie zwar auch verheizt. Doch immerhin kommen hier Männer in eine Männerwelt. Den Frauen aber droht hier ein Sklavendasein. Sie sehen sich ihrer Freiheit völlig beraubt, werden benutzt, unter Zwang verheiratet, ja sogar für vermeintliche Sünden gesteinigt, werden für Taten bestraft, die in unseren Breiten niemanden interessieren.

Wo der fundamentalistische Islam regiert, ist nicht gut sein für Frauen. Was für ein menschenverachtendes Schicksal, in Saudi-Arabien als Frau weitgehend rechtlos zu leben und im Gefängnis zu landen, weil man sich ans Steuer eines Autos gesetzt hat. Was für eine Tragödie, im Iran einem Rechtssystem ausgeliefert zu sein, das eine junge Frau hinrichtet, die sich gegen eine Vergewaltigung gewehrt und dabei den Täter mit einem Messer getötet hat. Wie grässlich und unerträglich, sich in Afghanistan total verhüllen zu müssen und nicht einmal mehr die Augen zeigen zu dürfen. Doch bei den Dschihadisten des sogenannten Islamischen Staates sind solche Deklassierungen der Frauen auf die Spitze getrieben. Hier darf der Mann ein Ur-Mann sein, hier darf er sich aufs Barbarischste austoben – beim Töten von sogenannten Ungläubigen wie beim Ausbeuten und Missbrauchen von Frauen.

Was, um Himmels willen, zieht junge Frauen daran an? Was bringt sie dazu, ihr freies Leben hinter sich zu lassen und sich in Gefangenschaft zu begeben? Zunächst sind es wohl heimische Lebensverhältnisse, von denen sie sich lossagen wollen – eine gefährlich-normale Teenager-Befindlichkeit.

Sie kann, im Falle, dass die Umwelt als geradezu feindlich empfunden wird, zu allen möglichen Abirrungen verführen – auch zu der in den Dschihad. Hinzu kommt die Unkenntnis über das, was dort droht. Diese jungen Frauen sehen vielleicht nur die Bilder von Typen, die alle eine bisschen aussehen wie Elyas M'Barek. Von so einem wollen sie geliebt werden. Mit dem wollen sie ein Abenteuer, eine Romanze erleben.

Ganz tief drinnen jedoch wirkt sich noch etwas anderes aus, ein urweiblicher, steinzeitlicher Impuls: der Hang, sich einem starken Mann zu unterwerfen. Es muss etwas Masochistisches in uns Frauen virulent sein. Würden sich sonst die entsprechenden Schundromane millionenfach verkaufen? Die allermeisten wollten so etwas natürlich niemals wirklich erdulden. Aber wer denkt schon an die Realität, wenn einen, wie in der Pubertät, romantische Gefühle und sexuelle Sehnsüchte überschwemmen?

So geraten junge Menschen, gerade weil sie eine absolute Freiheit suchen, in die schrecklichsten Gefangenschaften.

Dem schwarzen Tuch, an einem Ort in Mitteleuropa getragen, kann man immerhin entkommen. In Frankreich ist die Verschleierung des ganzen Körpers in der Öffentlichkeit sogar verboten. Wo die Burka oder der Niqab erlaubt sind, muss man die Vermummung nur abwerfen, um ein ganzer Mensch zu sein. Aber die Entscheidung, sich dem Islamischen Staat anzuschließen, hat – vor allem für Mädchen – wenn nicht den Tod, so zumeist doch ein Lebenslänglich im Gepäck.

Schuldig, schuldig, schuldig

Mein Gott, was bin ich in diesen Männerbeschimpfungstagen froh, kein Mann zu sein. Dabei wünschte ich mir dochmein ganzes Leben lang für den Fall meiner Wiedergeburt, ich möge bitte nur als Mann auf dieser Welt erscheinen. Männer haben es nun mal besser im Leben. Männer sind mächtiger. Männer leiden weniger unter körperlichen Beeinträchtigungen – zumindest solange sie jung sind. Da muss man sich einfach wegträumen aus dem schwachen Geschlecht. Fort damit und hinein ins starke Männerdasein: Jagen, Fischen, Autorasen, Frauen verführen, Schlachten gewinnen, Unternehmen regieren, Macht ausüben, die Welt beherrschen. Ach, es hat nicht sollen sein.

Aber jetzt? In dieser Zeit, da wir nun dank Harvey Weinstein und anderer Übeltäter sehr genau wissen, wes Geistes und wes Grabschens die Männer sind, da bin ich zu meiner eigenen Überraschung recht froh,als Frau auf Erden zu wandeln. Da ist man weniger Versuchungen ausgesetzt. Nein, ein Vergewaltiger wie jener Hollywood-Mogul wäre ich gewiss nie gewesen. Aber vielleicht hätte ich doch einmal meinen Arm um eine Schöne gelegt, mit meinem Knie aus Versehen ein weibliches solches touchiert, hätte eine Spur zu tief in ein blitzeblaues Mädchenauge geschaut und der Besitzerin dieses Auges ein Kompliment gemacht. Vielleicht hätte ich sogar eine andere holde Maid gefragt, ob sie zur Abwechslung mal die Meine sein wolle. Oh, wie sündhaft, wie maßlos, wie verdammenswert müsste ich mir jetzt im Nachhinein vorkommen. Asche auf mein Haupt, Knick in der Seele.

Und erst die Außenwirkung! Wenn etwa nach dreißig Komma drei Jahren einer der von mir allzu deutlich angebeteten Damen wieder einfiele, wie ich mich zu nähern versucht hatte, und wenn sie dies via Instagram oder sonst was in die Öffentlichkeit hinausposaunte. Nicht auszudenken, was dann geschähe und wie die vereinigten Tugendwächter der westlichen Welt über mich herfallen würden. Ich wäre ein Unhold, wäre Teil jenes Kartells männlicher Macht, das Frauen ausbeutet, unterdrückt, schlecht bezahlt, demütigt, kränkt, verletzt, in den Staub tritt, nicht ausreichend achtet und respektiert. Ich wäre out, ginge meiner Arbeit verlustig, geriete in Acht und Bann, und keine Hand würde sich für mich rühren. Niemand würde mich retten. Ich wäre vernichtet wie jener 84-jährige Professor aus Berkeley, der seiner Assistentin auf den Po geklatscht haben soll, was nur behauptet, aber nicht bewiesen worden ist. Ich wäre schuldig wie der arme Rainer Brüderle, ein wahrhaft tüchtiger Politiker, von denen wir ja nicht so viele haben, der im Zustand der alkoholischen Besäuselung ein bisschen blöd dahergeredet, aber doch niemanden wirklich verletzt hat. Gleichwohl sehen wir ihn seither zum Nichts degradiert. Wo immer von ihm die Rede ist, fällt jedem sofort sein Wort vom Dirndl-Busen ein. Ruhm, Ehre, Ansehen, alles vorbei. Dahin, Dahin.

So ergeht es den großen wie den kleinen Sündern. Oder auch denen, die gar keine Sünder sind, wie wahrscheinlich der 93-jährige Ex-Präsident Bush, dessen Hand – mit Absicht oder aus Versehen? – den Rücken einer Dame gestreift haben soll. Womöglich wusste er gar nicht, wie ihm geschah. Trotzdem stand er danach als einer unter den vielen Männerschweinen am Pranger. Wer möchte nach alledem noch dazugehören? Endlich darf ich es genießen, eine Frau zu sein.

Aber natürlich könnte ich mich einreihen unter denen, die ihr MeToo wie eine Fahne vor sich her tragen. Auch ich habe eine exemplarische Geschichte zu erzählen, die Geschichte von jenem Rundfunkredakteur, der mich als junge Journalistin mit interessanten Aufträgen versah und dessen Hand eine pathologische Leidenschaft für meinen nächst greifbaren Oberschenkel entwickelte. Bei jeder Besprechung musste ich diese Hand wieder und wieder von meinem Bein abpflücken und auf der Stuhllehne zu parken versuchen. Doch gleich war sie wieder da, die Unziemliche, und ein anhaltendes Hin und Her, ein Schenkel-Stuhllehne-Stuhllehne-Schenkel begann. Derweil redeten wir, als ob nichts geschehe und nichts geschehen sei, über dies und das und die zu schreibenden Features. Noch gab es keine Frauenbeauftragte, bei der ich mich hätte beschweren können. Aber würde dieser Mensch – er ist schon ein Weilchen tot – sich heute noch getrauen, was ihm damals, zu jener Männerzeit, so selbstverständlich gelang? Ich glaube kaum.

Denn jetzt ist die Zeit der Frauen angebrochen. Holdrio. Jetzt erhebt unsereins den Zeigefinger, jetzt heißt es: der und der und der. Mancher war es, mancher war es nur ein bisschen oder auch gar nicht. Und meistens ist es gefühlte tausend Jahre her. Spielt keine Rolle. Wir sind die Inquisition. Unser schuldig, schuldig, schuldig erschüttert die westliche Welt. Und seht, wie die Starken plötzlich schwach sind, wie sie sich wenden und winden, wie sie um Vergebung bitten, wie sie beweinen und bedauern, wie sie sich geißeln und sogar ohne Zwang ihren Job aufgeben. Wir aber, die ewig Unterdrückten, stehen am rettenden Ufer, schauen zu, und wenn dann der Kopf fällt, sagen wir mit der Seeräuber-Jenny aus Bertolt Brechts Dreigroschenoper nur: Hoppla.

Kruzifix raus, Kopftuch rein

Unlängst spielte mir meine Fantasie einen Streich. Für mein inneres Auge erfand sie eine kleine Szene, die mir seither nicht aus dem Kopf will. Sie spielt in einer bayerischen Grundschulklasse. An der Wand hängt dort, wie in den anderen Klassenräumen auch, seit gefühlten tausend Jahren ein Kruzifix, weshalb es normalerweise niemandem mehr auffällt.

Also sehe ich das christliche Symbol auch in meinem Tagtraum an seinem gewohnten Platz, obwohl es, der Neutralität halber, 1995 vom Bundesverfassungsgericht aus den Klassenzimmern verbannt worden ist, worum sich die Bayern allerdings wenig geschert haben. Nur wenn Schüler oder Lehrer Anstoß nahmen, wurde umgehängt. In meinem kleinen Fantasiefilm tritt nun so ein Anstoßnehmender auf. Am nächsten Morgen nimmt die diensthabende Lehrerin, zufällig eine Muslima mit Kopftuch, den hölzernen Jesus im Auftrag der Schulleitung von seinem Haken. Kopftuch rein, Kreuz raus. Der Unterricht kann beginnen. Ende meines Kopfkinos.

Noch ist das nicht geschehen. Aber möglich wäre es durchaus, seit kürzlich der Erste Senat des Bundesverfassungsgerichts das Tragen des Kopftuches beim Unterrichten erlaubt hat. Rein juristisch scheint das Sinn zu machen. Denn im Falle des Kruzifixes ist der Staat der Akteur, der es aufhängt, obwohl er sich doch jeder religiösen Parteinahme zu enthalten hat. Den Schleier aber wickelt sich die Lehrerin ums Haupt. Er ist Bestandteil ihrer Individualität, ein Beweis ihrer religiösen Freiheit, Wahrnehmung eines Grundrechts. Solange sie nur unterrichtet und nicht missioniert, gibt es keine Einwände. Das meint zumindest der Erste Senat des hohen Gerichts und zwingt nun all jene Bundesländer, die das Kopftuch in der Schule verboten haben, ihre Gesetze zu ändern. Anno 2003 hatte der Zweite Senat noch ganz anders geurteilt und den Ländern Gestaltungsfreiheit gegeben. Offenbar will der Erste Senat nun nicht mehr wissen, was der Zweite einst getan hat. Immerhin gaben bei diesem jüngsten Urteil zwei der acht Richter ein Sondervotum ab. Man hätte also auch anders entscheiden können. Juristisch lässt sich schließlich fast alles begründen.

Wer aber blickt da noch durch? Und worin liegt eigentlich der Unterschied zwischen der staatlichen Handlung, ein Kruzifix an die Wand zu hängen, und dem staatlichen Auftrag, eine Lehrerin vor die Klasse zu stellen? Trotzdem sind wir jetzt endgültig und unwiderruflich an dem Punkt, an dem die Kopftuchfrau grundsätzlich ins Klassenzimmer darf, das Kruzifix jedoch grundsätzlich nicht. Das verstehe, wer will. Für einige sieht es nach Befreiung aus, weshalb eine Kollegin mit Kopftuch in der »Zeit« »hurra« ruft. Andere halten die Entscheidung für einen spitzfindig begründeten vorauseilenden Gehorsam gegenüber Ansprüchen, die mit unseren Werten nicht vereinbar sind.

Aber geht es nicht um die Toleranz gegenüber den Religionen? Von der muslimischen Lehrerin aus gesehen gewiss. Auf dieses Binnenempfinden hebt das Urteil des Bundesverfassungsgerichts ab. Warum auch immer eine Frau dieses Kleidungsstück trägt, vielleicht, um ihrem Gott oder einem Mann zu gefallen, um sich und anderen zu zeigen, wer sie ist und wo sie herkommt, um zu provozieren, um aufzufallen oder um einer Mode zu folgen: sie wird sich im Recht fühlen und diese Toleranz einfordern. So auch hier geschehen im Fall der zwei jungen Frauen, die sich – sicherlich nicht ohne Unterstützung – bis nach Karlsruhe durchgekämpft haben.

Eine ganz andere Frage als diese Binnensicht ist die der Außenwirkung – in der Schule, ja überhaupt in staatlichen Einrichtungen. Das Kreuz an der Wand ist ein totes Stück Holz, es ist bayerische oder oberschwäbische Urmaterie, Ausdruck des Glaubens und der Volkskunst, es redet nicht. Von ihm gehen keine unmittelbaren Impulse für den Alltag aus. Die Lehrerin aber wirkt als Person, sie hat Macht und Einfluss. Sie wird gehasst, aber meistens geliebt. Trägt sie ein Kopftuch, so ist das nicht nur Symbol einer Religiosität, sondern auch einer patriarchalischen, mit dem Grundgesetz nicht zu vereinbaren Lebensart – selbst wenn sie es aus freien Stücken ums Haupt windet. Im Prinzip jedoch steht die Verhüllung eben keinesfalls für Selbstentfaltung, sondern für einen Raub an der Persönlichkeit. Sie nimmt Frauen die Freiheit, sich ungeschmälert ihrer Jugend, ihrer Schönheit zu erfreuen, sich den frischen Wind um den Kopf wehen, die Haare flattern zu lassen. Genau dazu ist das Kopftuch erfunden worden. Es macht alle Frauen gleich unauffällig, nimmt ihnen ihre Individualität. Die Gattin des schrecklichen sultanesken Supermachos Erdogan sieht sogar aus, als sei nicht nur ein Stück Stoff, sondern ein Modell aus Beton um ihren Kopf gezwungen worden. Eine eingezäunte Person. Für solche Sitten – die Schwimm- und Ausflugsverbote für Mädchen samt Zwangsehen eingerechnet – dürfen nun Lehrerinnen an unseren Schulen Vorbilder sein. Die fundamentalistischen Väter und aufpassenden Brüder können sich die Hände reiben. Da fasst sich sogar Hans-Jürgen Papier, der frühere Präsident des Bundesverfassungsgerichts an den Kopf und sieht in der Entscheidung der jüngeren Kollegen »nicht die Lösung, sondern die Ursache von Problemen«. Ach, wäre er doch noch im Amt. Mit seinem Einfluss hätte er uns diese emanzipatorisch verbrämte Unterwerfung gewiss erspart.

Visionen und Wirklichkeiten

Es kann nicht jeder Mozart sein

Ein Gespenst geht um in der westlichen Welt. Nein, es ist nicht das Gespenst des Kommunismus, das Marx und Engels einstmals in ihrem Manifest heraufbeschworen haben. Es handelt sich um einen entfernten Verwandten, es ist der Gleichheitswahn. Gemeint ist die Überzeugung, dass alle Menschen gleich sind, dass es keinen Unterschied macht, ob jemand als Mann oder Frau geboren wird, ob jemand dumm oder intelligent ist, vollkommen gesund oder behindert. Alle können alles, dürfen alles. Niemand darf ausgegrenzt werden. Eine wahrhaft schöne Idee.

Man könnte es auch eine christliche Idee nennen, eine soziale, eine menschenfreundliche. Schließlich lässt sich an vielen Orten auf der Welt mit Erschrecken besichtigen, wohin es führt, wenn Menschen ins Abseits gestellt werden, seien es sogenannte Ungläubige, die man nach Manier der Islamisten bedenkenlos töten darf, seien es Minderheiten, die man, wie die Rohingya in Myanmar, aus dem Lande vertreibt und dem Elend überantwortet, seien es vermeintliche Volksschädlinge – so nannten die Nazis ihre jüdischen Mitbürger –, die man im Dritten Reich beraubte, menschlich ausbeutete und schließlich zu Millionen ermordete. Ob das dann religiös oder weltlich-politisch überhöht, also in einem Glaubenskanon oder einer Ideologie gerechtfertigt wird, bleibt sich gleich. Es ändert nichts an der Abscheulichkeit dieser

Taten. Sie sind Verbrechen gegen die Menschlichkeit, zu denen sich eigentlich niemand bekennen kann, der nicht darüber hinwegsieht, dass zu jedem Menschen, um es mit unserem Grundgesetz zu sagen, eine unantastbare Würde gehört, dass auch alle vor dem Gesetz gleich sind und eine Chance haben sollen, mit ihrem Pfunde zu wuchern.

Nun gibt es allerdings Leute – und da sind wir bei jenem schon erwähnten Familienmitglied des Kommunismus angelangt –, die aus diesem Tableau der Menschlichkeit ableiten, es dürfe um der Gleichheit und Gerechtigkeit willen keine Eliten mehr geben. Kein Unterschied soll sein zwischen dem Eliteschüler und dessen Zeitgenossen, der gerade mal ein paar Grundschulklassen mit Mühe und Not hinter sich gebracht hat. Was also tut eine brave, menschenfreundliche Gesellschaft, oder besser: was drängt sie ihre politische Führung zu tun? Ganz einfach, sie wird versuchen, die Eliteeinrichtungen abzuschaffen, um den Spalt der Ungerechtigkeit zwischen dem Grund- und dem Eliteschüler gar nicht erst aufbrechen zu lassen. Für das öffentliche Bildungssystem der Bundesrepublik heißt das: hinweg mit den Gymnasien und her mit den Gemeinschaftsschulen. Es kann aber ebenso bedeuten, das Gymnasium für jedermann zugänglich zu machen, auch für diejenigen, die es vorhersehbar ganz bestimmt nicht schaffen.

Was aber kommt bei dieser Gleichmacherei heraus? Vor allem eine unvermeidbare Leistungsminderung. Nicht ohne Grund klagen Unternehmer schon seit Jahren über die mäßige Allgemeinbildung von Bewerbern und sogar über Rechtschreibschwächen bei Abiturienten. In Deutschland sind die Niveaus gesunken, wie internationale Studien beweisen.

Wo sind die deutschen Nobelpreisträger? Und was hat der rotgrüne Gleichheitseifer in Baden-Württemberg mittlerweile in den Grundschulen angerichtet, wenn eine vergleichende Studie über die Fähigkeiten in Deutsch und Mathematik das Ländle auf Platz zehn hinter dem Saarland und Brandenburg zeigt? Natürlich geht der Niveauverlust hier auch auf die vielen zugewanderten Kinder aus bildungsfernen Welten zurück. Doch ihr Niveau gibt den Takt vor. Wo der Gleichheitswahn herrscht, müssen sich immer alle nach den Schwächsten richten. Und ob die Fanatiker es nun glauben oder nicht: Es gibt Schwache, es gibt Dumme, es gibt Ungeschickte, es gibt Mittelmäßige, und es gibt außerordentlich Begabte. Es kann nicht jeder Mozart sein.

Wo also liegt der Denkfehler?

Er liegt darin, dass die Gleichheit an sich für absolut und gerecht genommen wird, nicht die Würde des Menschen, nicht sein Wert. Denn jeder ist gleichermaßen wertvoll für die Gesellschaft, ob er nun ein Handwerk ausübt, an der Universität unterrichtet oder den Müll abtransportiert, ob er gesund oder krank, schwarz oder weiß ist. Er ist ein Mensch und hat allemal den Respekt der ganzen Gesellschaft verdient.

Aber das heißt doch nicht, dass der Maurer auch die Firma leiten kann, für die er arbeitet. Es bedeutet nicht, dass der Krankenschwester zusteht, selbst das Skalpell zu führen. Und es sollte auch nicht dazu führen, dass ein geistig behindertes Kind via Inklusion über Jahre hinweg zusammen mit normalen Schülern im Unterricht sitzt. Auch wenn es sich um eine Vorgabe der UN handelt, so sagt einem doch schon der gesunde Menschenverstand, dass die Inklusion nur Verlierer produziert: das geistig kranke Kind – nicht das im Rollstuhl –, das in einer mehrheitlich gesunden Umgebung sein Anderssein empfindet und leidet; ebenso die Gesunden, um die sich die Pädagogen nicht ausreichend kümmern können; nicht zuletzt die Lehrer selbst, die überfordert sind. Die Inklusion bewirkt eine Exklusion für kranke wie gesunde Kinder. Im Grunde sehen sich beide von der ihnen zustehenden Förderung ausgeschlossen. Nur die Gleichheits-Ideologen dürfen zufrieden sein. Ihnen ist Genüge getan.

Steinmeier, Merkel und Co. im Abseits

Die Kanzlerin hat es getan. Auch der Bundespräsident wollte nicht hinter dem Berg halten. Fehlt nur, dass sich der Papst noch einmischt, sein Hosianna in den Äther schickt und die Jugendlichen segnet, die freitags massenhaft die Schule schwänzen, um für die Errettung des Weltklimas zu demonstrieren. Eine gute Tat ist das. Wer wollte daran zweifeln? Und doch.

Der Protest wird als Streik verkauft. Aber ein Streik ist etwas anderes. Es ist die Verweigerung von Arbeit zum Schaden des Arbeitgebers, damit der sich bequemt, seinen Leuten bessere Löhne zu bezahlen oder mehr Freizeit zu gewähren. Der Aufruhr der Schüler in westlichen Staaten richtet sich jedoch nicht gegen ihre Schulen, wo ihnen etwas für ihr Leben gegeben wird und sie die Arbeit des Lernens vollbringen, sondern gegen die Politik.

Gewiss, Empörung steckt in dem einen wie dem anderen Fall dahinter. Und hier wie da äußert sich der Unmut durch die Abwesenheit von einem Ort der Pflicht. Das System Schule jedoch gerät dadurch nicht ins Wanken. Den Schaden haben nur die Schüler selbst, wenn sie regelmäßig nicht zum Unterricht erscheinen.

Es gehe um ihre Zukunft, skandieren diese Jungen. Die bösen Politiker sollten das endlich begreifen. Und siehe, die derart Denunzierten, die Machthabenden, stimmen zu, klatschen Beifall, geradeso, als ob sie nicht die Adressaten der Anklage, sondern deren Inspiratoren wären. Sie solidarisieren sich mit einem Aufruhr gegen sich selbst. Wenn das kein Witz ist!

Gar nicht witzig aber erscheint mir hingegen, dass sich die höchsten Repräsentanten unserer stets gefährdeten Demokratie – Angela Merkel, Frank-Walter Steinmeier und Ministerinnen wie Svenja Schulze oder Katarina Barley – gegen das geltende Recht der Schulpflicht stellen. Eine »sehr gute Initiative« sei das, die sie »unterstütze«, sagt die Kanzlerin zu den Demonstrationen; der Bundespräsident freut sich, dass die Schüler ihn und die Politik auf das Thema »aufmerksam« machen – ach, hat er vorher noch nie vom Klimawandel gehört, der Arme? –, und die Justizministerin, die es wirklich besser wissen müsste, findet das alles nur »großartig«.

Von solchen Leuten also, im totalen Irrtum über ihre Rolle, werden wir regiert und repräsentiert. Wo es politisch gerade mal, weil modisch, ins Konzept passt, pfeifen sie auf Recht und Gesetz. Das ist skandalös, und heuchlerisch ist es auch. Denn sie, die Regierenden, hätten doch etwas ändern können, sofern es überhaupt zu ändern ist. Sie waren dran und sind dran. Sie können doch nicht gleichzeitig regieren und revoltieren.

Was also treibt diese Verantwortungslosen an? Bei Angela Merkel liegt es sicherlich an einer Spätfolge ihrer Willkommenspolitik. Offenbar liebt sie sich nur noch im Widerschein eines plakativen Gutmenschentums. Frank-Walter Steinmeier und Katarina Barley, beide Juristen, lassen sich vom Mainstream treiben. Es könnte ja ihrer Partei, der schwindsüchtigen SPD, nutzen. Und die Umweltministerin hat die Klimasorgen als Hauptproblem sowieso in der DNA. Was scheren einen da Gesetze und Institutionen? Im Kabinett hält nur die Bildungsministerin, die tapfere Anja Karliczek, eine einsame Wacht gegen so viel anbiedernden Populismus.

Natürlich ist es lobenswert, wenn sich junge Menschen politisch engagieren. Aber warum zur Schulzeit? Warum nicht am Samstag? Am Sonntag? Oder in einer Partei? Ganz einfach: weil das nicht so spektakulär wäre; weil die Medien derart brave Aktionen nicht hochgejubelt hätten; weil dann die Mahnwache der sechzehnjährigen Greta Thunberg vor dem schwedischen Parlament womöglich eine lokale Angelegenheit geblieben wäre. Heiligt also der Zweck die Mittel?

Nein, das tut er nicht. Im Rechtsstaat gibt es keinen Zweck, der den Rechtsbruch rechtfertigt. Wird er zu allem Übel noch von Spitzenpolitikern jubilierend begrüßt, so entsteht Schaden an der

Demokratie. In diesem Fall vermittelt er den jungen Menschen, dass man Gesetze nicht in jedem Fall zu beachten braucht. Das ist zersetzend genug.

Erschwerend kommt hinzu, dass diese ganze Erregung irgendwann den Gang aller Erregungen in unserem schnelllebigen Medienzeitalter gehen und folgenlos abflauen wird. Es ist ja nicht so einfach, die Erderwärmung zu bremsen, wie die Demonstranten glauben machen wollen – gegen mächtige Interessen, gegen den Konsum, gegen soziale Versprechen, gegen den Verlust von Arbeitsplätzen, gegen Verweigerer wie Donald Trump. Es reicht nicht, auf die Straße zu gehen, den Gott der Zukunft anzurufen und Plakate hochzuhalten. Da hat FDP-Chef Lindner durchaus recht. Man kann ja auch nicht davon ausgehen, dass vor den Schülerdemos noch niemand auf die Idee gekommen sei, die Uhr habe bereits fünf vor zwölf geschlagen.

Aber so weit denken die jungen Leute nicht.

Sie halten sich für einzigartig, sie pochen auf ihr Recht, sie sehen sich als Kreuzzügler, Missionare, Erretter der Menschheit. Sie baden in Wir-Gefühlen, sie sind berauscht von sich selbst – und erliegen doch nur einer Illusion von Macht.

Wenn Dogmen die Köpfe vernebeln

Er wollte bedeutend sein, der Unbedeutende, wollte eine Duftmarke setzen für seine Präsidentschaft und schenkte uns den Satz, der Islam gehöre zu Deutschland. Andere hatten schon vor ihm so gesprochen. Aber erst seit Christian Wulff, versehen mit den Weihen eines Staatsoberhaupts, darauf zurückgriff, sorgen diese Worte für Wirbel im Strom der Meinungen, rühren auf, regen auf, spalten. Für die Befürworter ist fast ein Dogma daraus geworden. Der Satz läuft und läuft und läuft.

Er läuft wie inzwischen jener andere von unserer christlich-jüdischen Tradition, der dem Wulff-Bekenntnis entgegengehalten wird. Auch dieser Satz – oft ist es nur eine Erwähnung, wie nebenbei – schmückt Politikerreden jeglicher Couleur, untermauert Journalistenthesen, nistet sich ein in den Köpfen der Leute, als ob es nichts Selbstverständlicheres gäbe auf der Welt als uns gute Deutsche mit dieser segensreichen christlich-jüdischen Geschichte. Beide Worte, die des Ex-Bundespräsidenten Wulff ebenso wie die allseits beliebte christlich-jüdische Fanfare, sind Fake-Sätze. Sie sollen uns benebeln.

Der Wulff-Hinweis kommt von oben herab, er ist anmaßend, belehrend, und er geht in die falsche Richtung. Die einheimischen Deutschen sollen erzogen werden. Aber brauchen sie das? Hier gilt doch das Grundgesetz, demzufolge Religionsfreiheit herrscht. Bei uns kann jeder glauben, was er will. Insofern gehört der Islam zu Deutschland wie jede andere Glaubensgemeinschaft auch.

Das Problem liegt also nicht beim Islam, sondern bei denen, die ihn zum Vorwand nehmen, um etwas zu leben und hier einzubringen, was bei vielen Menschen als störend, ja bedrohlich empfunden wird. Die Wirklichkeit verhält sich also genau umgekehrt zu den Behauptungen, die in der Politik und in der Medienwelt oft aufgestellt werden. Da wird argumentiert, der Islam habe in der Geistesgeschichte Deutschlands keine Rolle gespielt. Aber die Menschen moslemischen Glaubens, die hier leben – so wird gesagt –, die seien ein Teil Deutschlands. Aber die Frage ist doch nicht in erster Linie, ob die sogenannten Bio-Deutschen das so sehen, sondern ob auch die Zugewanderten ohne Wenn und Aber Deutsche sein wollen. An sie muss man die Frage weiterreichen, ob sie auch wirklich zu Deutschland gehören wollen.

Natürlich gibt es viele, die seit Jahren hier zu Hause sind, in freundschaftlichen Nachbarschaften geschätzt und angenommen. Es sind gewiss die meisten. Aber es gibt auch drückende Probleme mit Migranten, die nach ihren eigenen Gesetzen leben und gleichzeitig dem Autokraten und Willkürherrscher Erdogan begeistert zujubeln. Etliche bilden Parallelgesellschaften, beschimpfen Nicht-Moslems als Ungläubige und tyrannisieren sie. Bisweilen geschieht sogar ein Mord. Es sind Eltern, die ihre Töchter unterdrücken, Menschen, die Frauen grundsätzlich als Wesen zweiter Klasse ansehen, in Schulen Andersgläubige mobben, Kinderehen anbahnen, Ehrenmorde begehen oder einem eigenen Rechtssystem mehr trauen als den Institutionen der Bundesrepublik. Solche Gruppen, Clans, Communities, Vereine unter den Zugewanderten können sich nicht dazu durchringen, ganz in Deutschland anzukommen. Sie verweigern sich – zum Beispiel auch bei dem Bemühen der Humboldt-Universität in Berlin, Professuren für islamische Theologie ohne Aufsicht aus Ankara einzurichten.

Sie muss man ansprechen, muss sie ermahnen, nicht nur die Segnungen unseres Landes zu genießen: den Rechtsstaat, die soziale Sicherheit und den Wohlstand. Vielmehr sollen sie, bitteschön, auch die Gesetze und Gebräuche beachten, die hier gelten. Hielten sie sich daran, so hätten wir gewiss auch weniger fremdenfeindliche Ausfälle, und der AfD wäre manches Argument entzogen.

Der Satz des unglücklichen Christian W. ist also an die falschen Leute gerichtet, und er ist nicht zu Ende gedacht. Das gilt noch viel mehr für die seltsamerweise positiv gemeinte Behauptung, Deutschland habe eine christlich-jüdische Tradition. Plötzlich leuchtet sie auf, diese Einsicht, um das Wulff-Bekenntnis zu konterkarieren oder der ganzen Gesellschaft wohlwollend auf die Schulter zu klopfen. Und natürlich gibt es eine christlich-jüdische Tradition.

Denken wir nur an den unsterblichen Heinrich Heine, an Kurt Tucholsky, an den weltwirksamen Karl Marx, an Sigmund Freud, an Moses Mendelssohn und seinen Enkel Felix oder an Gustav Mahler. Die meisten von ihnen haben es nicht gerade leicht gehabt. Andere mit solchen Abstammungen waren schlimmer dran, sie sind verfolgt, verbrannt, verschleppt, gefoltert, entrechtet und ermordet worden. Immer waren die Juden an allem schuld, am Tod Jesu – der doch selbst ein Jude war –, an der Pest, an Armut und Hunger. Angeblich haben sie Kinder geschlachtet und Brunnen vergiftet und vor allem die Welt beherrscht. Unter Adolf Hitler wurden sie als Volksschädlinge herabgewürdigt und ermordet. Nur kurze Zeit besaßen sie volle Bürgerrechte in Deutschland, bevor man ihnen alles nahm, die Heimat, die Rechte, die Vermögen, sogar die Haustiere und zum Schluss das Leben. Jetzt sind sie plötzlich Ausweis einer wunderbaren christlich-jüdischen Vergangenheit. Eine feine Tradition ist das. Ihre lobende Erwähnung ist an Zynismus nicht zu überbieten.

Kevin Kühnert – der heilige Sozialdemokratus

Kleine Männer können gefährlich sein. Man denke nur an Napoleon oder, aktueller, an Putin. Sie wollen nicht bleiben, was sie sind, sondern groß und stark und mächtig wirken – allen moderneren Sichtweisen zum Trotz. Das Machotum hält sich, leider, und also streckt man sich. Mental, verbal, Risiken in Kauf nehmend, Gift verspritzend.

Natürlich gibt es tausend und abertausend Ausnahmen, Begabte und weniger Begabte, die ganz ohne körperliche Überlänge gut durchs Leben kommen, ja sogar zu Weltruhm gelangen. Aber die anderen gibt es eben auch. Kevin Kühnert, der Juso-Vorsitzende, ist so einer. Er ist nicht groß, aber ein Bedeutungshuber von Gnaden ist er gewiss, mit einer ziemlichen Klappe und hinter sich nicht sehr viel mehr als die Jusos und einem respektablen Teil der guten, alten, lernunwilligen SPD.

Denn er predigt, was sie hören wollen, das Mantra der Opposition, des Nein zur Groko, das viele Genossen für die Rettung vor dem Untergang als Volkspartei halten und den teilweisen Rückzug von Gerhard Schröders Agenda. Und weil er so wichtigtuerisch gegen die eigene Führung anstänkern kann – was bei uns sensationsgeneigten Journalisten immer zieht, weshalb wir auch ein bisschen schuldig sind –, sehen wir ihn allzu häufig auf dem Bildschirm und hören seine Vorwürfe, reproduzieren sie sogar, als handle es sich bei diesem Unerfahrenen um einen jungen Erretter aus allerhöchster Not, gleichsam um den heiligen Sozialdemokratus höchstselbst.

Das ist er aber nun gar nicht, sondern ganz im Gegenteil ein Nagel am Sarg der guten alten Tante SPD, der Deutschland so viel zu verdanken hat. Von dieser Sorte gab es schon viele.

So erinnere ich mich an Bahnfahrten von Stuttgart nach Bonn zur Regierungszeit von Helmut Schmidt, dem tüchtigsten Kanzler, den die Partei je hatte. Mit mir saßen die jungen Herren vom sogenannten Tübinger Kreis im Abteil und hatten von Stuttgart bis zur kleinen Hauptstadt am Rhein – dreieinhalb Stunden lang – kein anderes Thema als die unglaublichen sozialen und politischen Verfehlungen ihres eigenen Kanzlers. Ich traute meinen Ohren nicht. Der Bundeskanzler war ihr Gegner, nicht Helmut Kohl, der dann – kein Wunder bei dieser unehrenhaften Schmidt-Gefolgschaft – 16 Jahre lang regieren durfte.

Nun war auch Helmut Schmidt kein groß gewachsener Mann. Und Gerhard Schröder ist auch nicht gerade ein Riese. Aber beide sind über außerordentliche Leistungen zu den wichtigsten Ämtern in der Sozialdemokratie und schließlich bis zu Kanzlerwürden aufgestiegen. Sie waren groß an Charakter und mussten sich nicht größer machen. Dafür hat ihre wunderbare Partei sie kleingekriegt und damit die eigene Macht verloren gegeben. Im Niedermachen ihrer besten Leute ist die SPD unübertroffen. Und immer ging und geht es darum, die Reinheit des SPD-Glaubens, der SPD-Geschichte, der SPD-Tradition, der SPD-Werte, des angeblichen Markenkerns der SPD gegen die ketzerische Wirklichkeit und einen vernünftigen Umgang mit ihr zu verteidigen. Der Ur-Sozialdemokrat will einfach gut sein. Wahnsinnig gut. Gut an sich. Gut in sich. Gut durch sich. Gut für sich. Gut für den Rest der Welt. Es fühlt sich ja auch so schön an, immer auf der richtigen Seite zu sein. Das genügt. Da können auch die Folgen nur Segen bringen.

Oder?

Allerdings lässt sich dieser Gefühlssozialismus beim Regieren nicht ganz so einfach durchhalten wie in der Opposition, wo man nichts zu verantworten und nur eine Menge zu fordern hat. Weshalb der Abscheu vor der Macht – trotz des Vernunftwortes von Franz Müntefering, dass Opposition Mist sei – in seiner Partei sehr populär ist.

Für diese wohlfeile Haltung hat die Partei in ihrer Geschichte viel geopfert – nicht nur ihr bestes Personal. Sie hat Spaltungen hinnehmen müssen, Niederlagen eingefahren. Die SPD reißt mit ihrem bleischweren Traditionshintern allemal wieder ein, was ihre klugen Köpfe erkannt und durchgesetzt haben.

Nehmen wir nur Gerhard Schröders Reformwerk, die Agenda 2010, eine unglaublich mutige, befreiende Tat, von der die Bundesrepublik – und mit ihr die Union samt ihrer Kanzlerin – bis heute profitieren. Das schraubt die Partei nun Stück für Stück zurück, während Macron sich ein Beispiel nimmt. Die SPD glaubt, die Vernachlässigung ihrer ideologischen Reinheit sei der Grund für den Abstieg bei den jüngsten Wahlen. Sie müsse nur zurück zu den Wurzeln, und – heile, heile Segen – alles wird wieder gut. Aber das stimmt nicht.

In Wahrheit hat die SPD ihre eigene Klientel aus den Augen verloren. Sie hat vor lauter Weltengüte die Probleme mit der Flüchtlingspolitik, von der ihre vorzüglichen Kommunalpolitiker kenntnisreich künden, nicht aufgegriffen; sie hat sogar mit dem Beharren auf dem Familiennachzug die eigenen Leute vor den Kopf gestoßen. Aber warum? Das ist doch das Feld der Grünen. Da gab es für Sozialdemokraten außer Rechthaberei nichts zu holen. Nun sitzen sie im Keller. Adieu, Volkspartei. Doch ist es ein Wunder, wenn ein unbedarfter Milchbart den Einpeitscher geben darf?

Es war einmal

Im ersten Kreis der Hölle

Adieu, schwäbische Welt, adieu, Freunde, adieu, geliebtes Ludwigsburg, wo der Vater den Posten eines angesehenen Oberamtsmannes ausfüllte, jetzt aber höhere Aufgaben in der Reichshauptstadt wahrnehmen sollte. Also ab nach Berlin in die Verwaltung der jungen Weimarer Republik. Es war ein Kulturschock für die brav-provinzielle Familie und insbesondere den zweiten Sohn – eines von vier Kindern. Der Vierzehnjährige tat sich anfangs schwer. Es sollte schlimmer kommen.

Zunächst begann er aber doch, das neue Leben staunend und bewundernd wahrzunehmen, sich auch von den Horizonten, die sich auftaten, faszinieren zu lassen. Großstadt! Aufbruch! Theater! Man wohnte nicht mehr im Grünen, sondern in einem Mietshaus zusammen mit anderen Familien, ging in Ausstellungen, welche die Bilder der Expressionisten zeigten. Und natürlich fand er auch bald neue Freunde.

Jenen Hans zum Beispiel, der das gleiche Gymnasium besuchte wie er und der mit seinen Eltern und Geschwistern eine Etage tiefer wohnte. Es wurde eine ganz dicke Freundschaft daraus, und dies umso mehr, als dem schwäbischen Teenager, der im Übrigen ein verdammt hübscher Kerl war, die Schwester seines Freundes nicht nur gefiel, sondern gewissermaßen zu Herzen ging. Mit siebzehn wusste er schon, dass er sie eines Tages heiraten würde. Das tat er dann auch, kaum dass er volljährig war.

Trotzdem gestaltete sich die Sache nicht ganz einfach. Denn der Bräutigam stammte aus einem – zumindest, was die Mutter anging – sehr pietistischen Haus. Die Familie der Braut aber gehörte zu den assimilierten, intellektuellen, weltoffenen Juden Berlins. Da konnte man zwar gut miteinander auskommen und bei der Begegnung auf der Treppe »Grüß Gott« und »Guten Tag« sagen. Aber heiraten? Nein, heiraten tat man so etwas nicht, und eine fromme Besucherin aus Tübingen befand, das jüdische Mädchen wäre doch »au a nett's Chrischtefraule worde«. Also gab es entschiedenen Widerstand. Vergeblich. Und als das erste Enkelkind geboren wurde, schauten es die Großeltern drei Jahre lang nicht an. Es herrschten ja die Zeiten des Rassenwahns, und wer weiß, was für ein missratenes Balg einen da angekräht hätte. Als man schließlich doch einen Blick auf das arme Wurm warf, war das Erstaunen groß, dass dieses Kind weder eine Hakennase noch pechschwarzes Haar oder gar den bösen Blick hatte. Oh nein, es war blond, ganz herzig und blauäugig. Konnte der »Führer« sich so irren?

Das alles geschah im Sommer l938.

Unser Ludwigsburger, inzwischen erwachsen, war ein Unternehmer und ziemlich schwäbisch gebliebener Berliner geworden. In seinem Betrieb in der Markgrafenstraße, wo auch andere Konfektionsfirmen ihren Sitz hatten, ließ er junge Mode herstellen. Es ernährte die kleine Familie, mehr auch nicht. Den Nazis war auch das schon zu viel. Weil er mit einer jüdischen Frau verheiratet war und sich nicht scheiden ließ, entzogen sie ihm schließlich die Betriebserlaubnis. Bis das vollends amtlich auf seinem Schreibtisch lag, hatte er zwar noch Hoffnung, fürchtete aber trotzdem, sich auf einer schwarzen Liste wiederzufinden.

So standen die Dinge auch noch am Abend des 9. November 1938, als die sogenannte Kristallnacht begann und die herrschenden Barbaren den Firnis der Zivilisation zum ersten Mal für die ganze Welt sichtbar vom Antlitz Deutschlands rissen. Unser Ludwigsburger, der eigentlich, weil dort geboren, ein Tübinger war, beschloss, in seinem »Kontorchen« zu bleiben, um eventuelle Eindringlinge durch Vorzeigen seiner Unterlagen zur Umkehr zu zwingen.

Was für eine rührende Überlegung!

Draußen tobte der Mob, von Staats wegen aufgestachelt, zum Morden, Brandschatzen, Plündern ermuntert. Und dieser sanfte Mann, mehr Künstler als Kaufmann, hoffte auf die Wirkung eines Papiers!

Dabei konnte er bald sehen, was sich tat, und natürlich hatte er fürchterliche Angst. Vor seinem Bürofenster staute sich eine unübersehbare Menschenmenge, die alle Straßen verstopfte, im Zaum gehalten durch einen Polizei-Kordon, der dem Treiben »teils johlend, zum großen Teil aber stumm« zusah, wie er später aufschrieb. Es war ein »brodelnder Hexenkessel«. Die Berserker warfen Clubsessel, Stoffballen, Schreibmaschinen, ganze Büro-einrichtungen durch die Fenster auf die Straße. Wie durch ein Wunder wurde unser Jungunternehmer verschont. Übersehen. Oder vergessen. Als er sich spätabends nach Hause traute, brach er zusammen: »Ich weinte wie ein Kind«.

Später, als alles vorüber war, schaute er auf die Schreckens-nacht zurück, in der sowohl die Wehrmacht wie alle anderen In-stitutionen »diesen Schritt in die Niederungen menschlicher Ab-scheulichkeit und nationaler Schande mitgemacht hatten«, und er war sich sicher: «… dass unter diesem Gesindel keine Lebens-möglichkeit für uns sei«.

Also lernte er eifrig Portugiesisch, um nach Brasilien auszuwan-dern, zu seinem geliebten Schwager und Jugendfreund.

Er hat sich eines anderen besonnen und dem neuen, demo-kratischen Deutschland vertraut. Auch für diesen Mut bin ich meinem Vater auf ewig dankbar.

Vom großen Schmerz, einen Nazi-Vater gehabt zu haben

Ich habe Glück gehabt. Unverdient. Meine Eltern verwöhnten uns Kinder, sie ließen uns alle nur denkbaren Freiheiten. Und sie waren keine Nazis. Außer dem üblichen Pubertätskram gab es nicht das Geringste, weshalb wir sie grundsätzlich hätten in Frage stellen oder ablehnen sollen. Wir waren einig mit ihnen und im Reinen mit unserer Herkunft.

Viele in unserer Generation hatten es entschieden schwerer. Ihre Eltern hatten sich in den Fallstricken des nationalsozialistischen Staates verheddert, sie hatten Adolf, dem psychopathischen Massenmörder, zugejubelt und begeistert mitgemacht. Sie waren aus Verblendung, aus Überzeugung oder beruflicher Verlockung zu Stützen eines verbecherischen Staates geworden. Bis in die Sechzigerjahre hinein war das nicht von allzu großem Interesse in Deutschland. Aber nach dem Auschwitz-Prozess von 1963 und während der Studentenrevolte in den Jahren danach begannen die Jungen, vermehrt zurückzuschauen auf die politische Vergangenheit ihrer Vorfahren. Sie stellten Fragen und bekamen entweder keine oder manch unerfreuliche Antworten. Das war für viele junge Leute schwer zu ertragen. Ja mehr, es war und ist bis heute ein bedrückendes Schicksal, in einer Zeit, die sich vollkommen gewendet hat, Abkömmling eines Nazi-Vaters und einer Nazi-Mutter zu sein. Manche sind ein Leben lang damit nicht fertiggeworden.

Auch Götz George hat das nicht geschafft, der viel geliebte Schauspieler, der im Fernsehen das Leben seines Vaters Heinrich nachspielte, des berühmten Darstellers in den Propagandafilmen des Josef Goebbels. Für Götz war der Vater kein überzeugter Nazi. Er wollte doch nur spielen, der arme, begnadete Künstler. Hat er nicht sogar jüdischen Kollegen geholfen? Auch sei er nicht in der Partei gewesen, sagte der Sohn über ihn in einem Interview der Frankfurter Allgemeinen Sonntagszeitung: »Er wurde von der

Staatsführung eingeteilt, gewisse Dinge zu tun, ein Theater zu führen, Schauspieler zu sein.«

»Von der Staatsführung eingeteilt, gewisse Dinge zu tun« – ein schrecklicher Halbsatz, der entlasten sollte und das Gegenteil bewirkte, auch wenn er präzisiert, welche im Vergleich harmlosen Taten damit gemeint waren. Götz George gehörte eben zu jener Kategorie der Kinder von Nazi-Unterstützern, denen die Kraft fehlt, ihre Eltern als das zu sehen, was sie waren – nicht Mitläufer, sondern Mittäter. Das mag daran liegen, dass es sehr gute, liebevolle Eltern waren. Würde man sich distanzieren, so müsste man auch zur eigenen Kindheit, ja in gewisser Weise sogar zu sich selbst auf Abstand gehen, um sich am Ende neu zu finden. Das hieße, erwachsen zu werden, unabhängig und souverän zu urteilen. Es hieße auf alle Fälle, die Wahrheit und die Ambivalenz solcher Familienkonstellationen mutig zu ertragen, sie zu leben und zu überwinden. Damit ist Götz George nicht sehr weit gekommen, und vielleicht musste er in seiner Rolle als Schimanski vor allem deshalb so machohaft auf den Putz hauen, weil er vor dem überlebensgroßen Bild des Vaters so offenkundig schwach geblieben war.

Die stärkeren Nazi-Söhne und Nazi-Töchter beschönigten und entschuldigten nichts. Sie schafften das Problem auf entgegengesetzte Weise, aber nicht minder pubertär aus der Welt. Sie schlugen sich auf die andere Seite, warfen den Eltern ihre Vergangenheit vor, sagten sich von ihnen los und verschmolzen 1968 ihre pubertäre mit der politischen Wut der Zeit. Dabei gebaren sie ihren eigenen Radikalismus bis hin zu den Auswüchsen des RAF-Terrors. Der unterschied sich dann kaum von dem der Eltern – wenn auch unter anderen Vorzeichen.

Gemäßigte aus der Kohorte der Nazi-Kinder, wie Herta Däubler-Gmelin – der Vater, Hans Gmelin, war in die Judendeportationen in der Slowakei verstrickt –, strebten in die Politik, gelangten in den Bundestag, wurden gar Minister und behielten doch etwas an sich von jener Unbedingtheit, mit der sie sich von nun an bis in alle Ewigkeit von ihrem kontaminierten Elternhaus unterscheiden wollten. Herta Däubler-Gmelins Abschied aus der großen Politik ist typisch dafür. Sie geriet ins Abseits, als sie beschuldigt wurde, in einer Wahlkampfrede die Außenpolitik des George W. Bush mit der von Adolf Hitler verglichen zu haben. Während sich der Vater als Tübinger OB erstaunlich gut von seiner Vergangenheit erholte – manche Leute sind eben hochbegabte Verdränger –, schien die Tochter trotz großer Karriere bis in die Gegenwart verfolgt von seinen Schatten. Als Bundesjustizministerin hat sie ihn überholt. Aber letzten Endes ist sie doch an der Aversion gegen seine Jugendsünden gescheitert.

Vielleicht muss man so intelligent und so begabt sein, wie ein Albert Speer junior es war, um Sohn zu bleiben und mit der Vergangenheit des Vaters, unter der er sehr gelitten hat, trotz allem fertigzuwerden. Der junge Speer behielt den Namen des alten Speer, obwohl er sich von ihm und seinen Taten distanzierte. Er wurde Architekt, wie Vater und Großvater. Aber er baute nicht nur Häuser, er baute Städte, und dies in der ganzen Welt. Er hat den Alten hinter sich gelassen und dem Namen Albert Speer seinen eigenen, unverwechselbaren Glanz gegeben.

Das Dorf auf dem Hügel

Da liegt es selbstgefällig auf dem Hügel, das Dörfchen mit der außerordentlichen Geschichte. Zwei Kirchtürme streckt es keck in den blitzeblauen Himmel, lässt ein paar rot beziegelte Dächer in der Frühlingssonne glänzen und tut so, als sei hier seit Napoleons Zeiten nichts Aufregendes oder gar Veränderndes mehr geschehen. Doch Nussdorf, zwischen Stuttgart und Pforzheim gelegen, diese schmucke Ansammlung ursprünglich bäuerlicher Gehöfte, ist nicht mehr die Dorfschönheit, die es einmal war. Im Gegensatz zu allen anderen Orten in der Umgebung hat es die schwersten Verletzungen erlitten. Fast ist es ganz ausgelöscht worden in einem Feuersturm am Ende des Krieges. Kaum weiß es noch jemand im etwas weiteren Umkreis. Doch ich kann sagen, ich bin dabei gewesen.

Ich sah die SS-Einheiten hereinspazieren, die ausgerechnet hier, in der schwäbischen Idylle, den längst verlorenen Krieg noch gewinnen wollten. Aber von hier oben aus hatte man einen wunderbaren Überblick, hier konnte man sich noch ein letztes Mal als Feldherr fühlen. Und so zogen sie der Dorfschönheit mit den vielen Nussbäumen einen Soldatenrock an. Nussdorf sollte eine Festung sein.

Viele Bauern ahnten wohl, was kommen würde, und flohen mit ihren Familien und dem Vieh. Andere stiegen in die Keller hinab in der Erwartung, die Front würde sich hier nicht festfressen, sondern weiterziehen. Meine Eltern entschieden sich für den Verbleib, und so versanken wir mit 80 Bauersleuten im sogenannten Bierkeller, einer riesigen Höhle, am Rande des Dorfes, wo jede Familie einen Quadratmeter ausgebreitetes Stroh zugewiesen bekam. Für meine Großmutter reichte ein Zipfel davon, um neben mir zu sterben.

Draußen aber, vor dem verbarrikadierten Tor, wo die Granaten der französischen Artillerie unablässig über uns hinwegpfiffen, lockte die herrlichste Frühlingssonne – Apfel- und Birnbäume explodierten geradezu in einer berauschenden Blütenpracht. Die Kühe, die vor unserem Eingang angebunden waren, lieferten brav und ausreichend Milch ab. Kartoffeln gab es reichlich. Auf dem Herd am Eingang wurden sie weich gekocht, und während die Bauern beteten oder »auweh, auweh« murmelten, sang meine Mutter: »Muss ich am Herde stehen, muss Feuer zünden …«

Die SS aber, diese fanatische Truppe, die sich unserer bemächtigt hatte, errichtete kurz vor Toresschluss auf dem Nussdorfer Hügel noch eine Filiale des nationalsozialistischen Schreckensregimes. Zwei angesehene Bürger sollten gehängt werden, weil sie die weiße Fahne gehisst hatten, was ein einsichtiger Militärrichter in letzter Sekunde verhinderte. Oskar Baral aber, dem etwas tumben Knecht des Löwenwirts, war weniger Glück beschieden. Weil er den Befehl des Hauptsturmführers Warbeck verweigerte, mit seinem Fuhrwerk für die SS zu fahren, erschoss ihn ein Feldwebel auf des Sturmführers Befehl wie einen räudigen Hund.

Dann kamen die Jagdbomber, streuten Feuer über dem Dorf aus, bis alles brannte. Auch die Scheune über unserer Höhle ging in Flammen auf und sandte uns die Spuren davon durch die Belüftung nach unten: Loderndes Heu und Stroh, dazu beißenden Rauch. Im Keller wurden nasse Tücher verteilt, durch die wir atmen sollten. Ich dachte, dass wir nun sterben müssten, obwohl ich noch keine Vorstellung davon hatte, was das bedeuten würde.

Dann, plötzlich, waren die Franzosen da, und die Schlacht, gewiss eine der letzten dieses Krieges, war entschieden. Ende. Aus. Nussdorf, die Schönheit vom schwäbischen Lande, zu drei Vierteln zerstört, ein schmauchender Haufen von Gebäuderesten. Die Eingeborenen sprachen vom Zusammenbruch.

Als die Franzosen nicht mehr schossen und sich erstaunlicherweise als menschlich erwiesen, schoss die SS noch einmal zurück und tötete ein kleines Mädchen.

Wir hingegen lebten und konnten es kaum glauben. Zwölf Tage und zwölf Nächte hat die Qual gedauert. Danach waren meine Mutter, eine rassisch Verfolgte des Dritten Reiches, und ich, der Mischling ersten Grades, sehr krank. Bis zu diesem Punkt, immerhin, hatte die Kraft gereicht.

Danach begann das neue Leben. Die Verfolgten waren nicht mehr verfolgt. Nussdorf wurde wieder aufgebaut. Aber niemand kann sagen, das Dorf sei nun schöner als zuvor oder zumindest so schön, so anheimelnd-schwäbisch, wie es einmal war. Es ist geflickt worden, es hat schmerzende Wunden, es trägt hässliche Narben. Doch es erinnert sich wacker, um erlöst zu werden, wie Richard von Weizsäcker in seiner berühmten Rede, eine altjüdische Weisheit zitierend, forderte: mit Ausstellungen, Vorträgen, Theateraufführungen und Gedenkveranstaltungen. Denn ihm ist, obwohl es nur den einen Grund seiner Höhenlage gab, geradezu exemplarisch widerfahren, was sich auch ganz Deutschland mit der Begeisterung für Adolf Hitler eingehandelt hat.

So musterknabenhaft wir uns auch gebärden, so hilfreich wir in der Welt auftreten, wir gelten gleichwohl als prinzipiell schuldig. Die Griechen dürfen unsere Kanzlerin beleidigen und gleichzeitig Geld fordern. Wir alle sind Gebrannte, sind Nussdorfer, wir sind gezeichnet – offenbar auf unabsehbare Zeit.

Dem Faszinosum des absolut Bösen erlegen

Zwölf Jahre! Was ist das schon? Vor zwölf Jahren lag die deutsche Einheit bereits mehr als eine Dekade zurück. Da waren wir längst wieder ein Volk und eine Nation. Während dieser zwölf Jahre gab es einen einzigen Kanzlerwechsel. Die Hartz-Gesetze brachten unsere Wirtschaft voran. In Europa sind wir ein bisschen einflussreicher geworden. Sonst hat sich nicht so wahnsinnig viel verändert. Nur die Energiewende macht uns richtig zu schaffen. Doch der Alltag fühlt sich nicht grundsätzlich anders an. Das Leben sieht sich durchaus noch ähnlich. Die Sorgen sind vergleichsweise klein: zu viele Autos, zu viel Fett im Essen, zu viel Stress im Beruf, zu viel Handygequatsche und Digitales hier und da und überall. Als Ausgleich aber Ferien auf Mallorca oder im Schwarzwald, Skifahren und Shoppen.

Wer das Berlin von 2002 kannte, wird es heute wiedererkennen; wer einmal in Pforzheim zu Hause war, wird nach der Rückkehr keine Trümmerwüste vorfinden; wer an einem Abend im Jahr 2002 zu Bett gehen konnte, ohne sich vor Bombennächten fürchten zu müssen, der darf das auch in diesen Tagen, anno 2014, genauso tun. Das sah 1945, nach Adolf Hitlers schreckensvoller Herrschaft, völlig anders aus.

Es waren nur zwölf Jahre. Vielleicht haben wir das vergessen, vielleicht verdrängt. Vielleicht haben die Jüngeren es nie gewusst oder wägend wahrgenommen. Jetzt aber, aus Anlass der 70. Wiederkehr der Landung der Alliierten in der Normandie, kam uns dieses gewaltige militärische Ereignis so nah wie lange nicht mehr: mit einer Flut an Informationen, an Bildern von den alten Männern, die damals so strahlend jung gewesen waren, an Filmen, an Erinnerungen, an berührenden Bekenntnissen und Lektüren.

Ein tausendjähriges und rassenreines germanisches Reich hatten die Nazis errichten wollen. Nach nur zwölf Jahren läutete der D-Day das Ende dieses Irrsinns ein. Doch gemessen an dem, was in diesen zwölf Jahren geschehen war, hätten es gut und gern tausend gewesen sein können.

So viel Hölle war noch nie. 60 bis 70 Millionen Menschen kamen in den Kriegshandlungen und Todeslagern unter grauenvollsten Bedingungen ums Leben. Deutschland lag in Schutt und Asche. Es hatte die Welt beherrschen wollen und bei diesem Unterfangen alles verloren: den Krieg, den es mutwillig begonnen hatte, die nationale Einheit, seinen guten Ruf als ein Land des Geistes, der Hochkultur und der Wissenschaft, unendlich viele herausragende Künstler, Schriftsteller und Wissenschaftler, also einen beträchtlichen Teil seiner Intelligenz, seiner Eliten. Es hatte sie verjagt oder ermordet – entweder weil sie Juden oder weil sie Gegner des Systems waren. Der Jahrtausendverbrecher Adolf Hitler hatte über das Jahrtausendgenie Albert Einstein gesiegt. Ein Kulturvolk in der Mitte Europas war einem ungebildeten und größenwahnsinnigen Psychopathen blindlings und nibelungentreu in den eigenen Untergang gefolgt. Es war dem Faszinosum des absolut Bösen erlegen.

Wie konnten die klugen Deutschen nur so dumm sein?

Und was hätte aus dem Land werden können? Wie hätte es sich entwickelt, wenn man die zahllosen Wissenschaftler, die der Nazi-Staat ihrer Ämter und Ehren beraubte, nicht mit dem Tode bedroht und vertrieben hätte? Was wäre geworden, hätten Filmleute wie Robert Siodmak, Musiker wie Otto Klemperer und Kurt Weill, Schriftsteller wie Oskar Maria Graf, die Manns und Erich Maria Remarque, Architekten wie Walter Gropius, Psychologen wie Erich Fromm, Philosophen wie Hannah Arendt bleiben und ohne Brüche weiter wirken können? Niemals sind diese Verluste eingeholt worden. Auch die ganz besondere Spezies der deutschen Juden kehrte nicht zurück. Was für ein kreativer und intellektueller Aderlass, was für eine Selbstberaubung der deutschen Nation!

Es versuchte ja fast jeder, der Köpfchen und ausreichend Anstand hatte – sofern es ihm oder ihr noch gelang –, vor dem Mordfuror der Nazis zu fliehen. Sehr viele zog es in die USA. Dort belebten sie die Filmindustrie – da waren die Österreicher führend, ohne die Hollywood niemals geworden wäre, was es dann war: Fred Zinnemann und Otto Preminger, Fritz Lang und Billy Wilder. In ihrem Gastland bereicherten die Emigranten die Musikszene, die Wissenschaft, die Theater. Die Liste derer, die drüben über dem großen Teich landeten, umfasst Hunderte und Aberhunderte. Das sollten die lieben Amerikafeinde hierzulande – selbst wenn sie Grund haben, sich über die Lauschaktionen der NSA zu erregen – nicht vergessen, so wenig wie den schrecklichen Blutzoll, den die GIs bei der Landung und den anschließenden Kämpfen in der Normandie und anderswo leisteten.

Wer hat eigentlich die letzten Jahre in all der Begeisterung über den Erfolg der alliierten Landung davon gesprochen, welcher tödliche Schrecken das eben auch für die Sieger war? Und wie kann man begreifen, dass der Wahn bei unseren Vorfahren so tief saß, dass sie die Kraft hatten, bis zur Kapitulation noch fast ein ganzes Jahr lang durchzuhalten, obwohl der Krieg doch offensichtlich längst verloren war? Nur zwölf Jahre, die nicht bloß Deutschland, sondern die Welt veränderten. Ganze Bibliotheken sind darüber geschrieben worden, wie das geschehen konnte. Das Rätsel bleibt trotzdem ungelöst.

Ein Weihnachtsmärchen

Etwas Seltsames ist mir in diesen vorweihnachtlichen Tagen widerfahren.

Dabei war zunächst alles wie gewohnt. Die Schneeflocken tanzten vor meiner Fensterscheibe. Graue Wolken zogen vorüber. Es roch nach Zimtgebäck und dem Tannenduft des Adventskranzes. Aber plötzlich brach etwas Unwirkliches in diese Idylle ein. Ein Wolkenpolster näherte sich, auf dem sich zwei Konturen ausmachen ließen. Es dauerte ein Weilchen, bis ich genau sah, was und wer da herbeidriftete. Tatsächlich, es waren die Schatten meiner von den Nazis ermordeten engsten Verwandten, meiner Großmutter Thekla und ihres Sohnes Günter, ursprünglich zwei waschechte Berliner und auch begeisterte Deutsche. Letzteres haben die Nazis ihnen gründlich ausgetrieben, bevor man sie in ihr schreckliches Schicksal schickte. Vorbei, vorbei, und nie wiedergutzumachen.

Aber nun, in diesem Moment, sah ich sie doch tatsächlich auf ihrer Wolke sitzen und auf die Erde herabschauen, die sie schon so lange verlassen hatten. Trotzdem waren sie über alles Gegenwärtige vorzüglich informiert. Ich hörte, wie sie sich unterhielten, erst ganz entfernt, aber dann doch verständlich:

»Hast du das gesehen, bei der letzten Wolkenrunde über unserem geliebten Berlin?«, fragte Thekla ihren Sprössling, »den antisemitischen Aufruhr dieser merkwürdigen Leute da am Brandenburger Tor und am Hauptbahnhof? Geht das schon wieder los? Sie haben uns doch vertrieben, rausgeschmissen und viehisch umgebracht. Wir sind tot – ich nackt in die Grube geschossen, du in Auschwitz vergast –, was wollen die noch? Woher dieser Hass?«

»Reg dich nicht auf, Thekelchen«, meinte Günter, »das sind ganz andere Judenfeinde als die, welche wir kennen. Die von damals, die urdeutschen, gibt es zwar auch noch, und nicht zu knapp. Stell dir vor, da sagte doch neulich tatsächlich eine durchaus gebildete Frau, und ich habe es bis hier oben gehört: Wir wären zwei Jahrtausende lang verfolgt worden, und das hätte sicher seinen guten Grund.«

»Und ich habe die Meinung eines Professors vernommen, der die ewig gleichen Vorurteile von sich gab und wieder mal behauptete, die Juden wären einfach anders, selbstsüchtiger, verschlagener, raffgieriger. In den Zwanzigerjahren des letzten Jahrhunderts hätten sie sich zu alledem auch noch richtig mausig gemacht. Das konnte man sich in Deutschland doch nicht bieten lassen.«

»So ist das, Thekelchen, das sitzt in den Leuten ganz tief drinnen. Aber am Brandenburger Tor, wo sie ein Tuch mit aufgemaltem Davidstern und israelische Fahnen verbrannten, hatten sich noch ganz andere Menschen versammelt. Sozusagen eine kampfbereite Verstärkung des eingewachsenen deutschen Vorurteils.«

»Du meinst Flüchtlinge, Migranten, Neueinwohner aus arabisch sprechenden Gebieten? Palästinenser? Ja, die vor allem, die sah man, und man hörte sie dort auch ihre antisemitischen Parolen herausschreien, und das just in dem neuen Deutschland, dessen Kanzlerin das Existenzrecht Israels zur deutschen Staatsräson erklärt hat.«

»Ja, Thekelchen, die meine ich. Und das ist doch der blanke Wahnsinn. Ausgerechnet diese Angela Merkel – gewiss in dem Bemühen, dem absolut Bösen aus der Nazi-Zeit nun etwas absolut Gutes entgegenzusetzen – hat die Grenzen der Bundesrepublik für eine Masseneinwanderung aus arabischen und muslimisch bestimmten Gebieten öffnen lassen. Es sind Hunderttausende, die nun hier leben, unter denen viele den Hass gegen Juden, wie man heute sagt, in ihrer DNA tragen, die ihn in Moscheen predigen und schon an Schulkindern auslassen. Sie argumentieren gegen die Politik des Staates Israel, aber sie meinen doch die Juden insgesamt.«

»So ist es, mein Junge, sie sagen Israel und wünschen allen Juden den Untergang. Und damit toben sie sich dann vor dem

Brandenburger Tor aus. Die deutsche Vergangenheit ist ihnen egal oder sie kennen sie gar nicht. Diese Protestierer genießen die Wohltaten der Bundesrepublik und missbrauchen gleichzeitig das Gastrecht.«

»Pass auf, Thekelchen, du klingst schon wieder ganz patriotisch. So wie damals, als du nicht glauben wolltest, dass die Nazis tun würden, was sie dann doch getan haben, und als wir beide nicht rechtzeitig geflohen sind. Ich frage mich, warum man diese Undankbaren so enthusiastisch willkommen geheißen und warum man uns so tödlich gehasst hat und hasst.«

Kaum hatte mein Onkel Günther diesen Satz in die kalte Winterluft gesagt, da wurde das Schneetreiben dichter. Ein paar Flocken fegten ins Zimmer und streiften meine Wangen. Die Wolke mit meinen Lieben schwamm langsam von mir weg. Ein bisschen sah es so aus, als würden die beiden mir zum Abschied zuwinken. Auch ein paar Satzfetzen konnte ich noch vernehmen: »Heute ist doch der deutsche Staat auf unserer Seite« … und: »Der Innenminister hat einen Antisemitismus-Beauftragten auf dem Plan …« Ich schloss das Fenster, zündete ein paar Kerzen an, sog den Duft des Adventskranzes tief ein und legte das Weihnachtsoratorium von Johann Sebastian Bach auf.

Und Helmut Kohl hatte doch recht

Wir kamen zum ersten Mal nach Usedom und sahen das Elend, sahen den Verfall, sahen die graue Trostlosigkeit des Ostens; wir sahen, was vierzig Jahre Sozialismus angerichtet hatten: wacklige, unbegehbare Bürgersteige, abgeblätterte Fassaden, Fensterrahmen, an denen nur noch Fetzen von Farbe hingen, Veranden, die nicht mehr bewohnbar waren, Jugendstilarchitektur, deren einstigen Glanz man allenfalls noch ahnen konnte. Was für ein Jammer. Nur das Meer war noch da, und die Menschen verbrachten ihre Ferien nach wie vor in seiner Nähe. Sie hausten nicht in den verfallenden Villen, sondern in Zelten, im Wald, und spazierten nackt am Strand entlang. Diese Freiheit immerhin hatten sie in der Diktatur gehabt und pflegten sie auch im Sommer 1990 noch weiter.

Aus reiner Neugier waren wir hierhergereist und erwarteten nichts außer interessanten Eindrücken und viel Ruhe. Doch gerade die letztere gab es in diesem Sommer nicht, als der eine Staat noch nicht ganz verschwunden und der andere noch nicht ganz da war. Deshalb hinderte niemand die Rowdies, die von früh bis spät auf ihren Wassermotorrädern an der Küste entlangdonnerten. Weiß Gott, wo die Kerle herkamen. Wahrscheinlich aus dem Westen. Auch frische Luft war rar, ausgerechnet am Meer, weil am Abend aus allen Kaminen der entsetzliche Gestank der gelblichen Braunkohleabgase quoll und sich frech über die herrliche Gegend ausbreitete.

Das Essen war gut, jedoch einfach und eintönig. Heute Spiegeleier mit Bratkartoffeln und morgen Hähnchen mit Sättigungsbeilage, ein bisschen Fisch und Satzkartoffeln, dann wieder Spiegeleier und so weiter. Unser Hotel hatte einst Stasibonzen und anderen Hochgestellten der DDR-Diktatur als Urlaubsdomizil gedient. Folglich lagen Häkeldecken auf den Nachttischen. In einem Glasschrank standen Kristallgläser. In den braunen Sesseln saß man nicht schlecht. Alles insgesamt eine Art Luxus, die einen – wenn man zu den kleinbürgerlichen Geschmacklosigkeiten auch den großen Unrechtsrest bedachte – knapp an einer Depression vorbeischrammen ließ.

Dass dies alles nun nicht mehr DDR sein sollte, sahen damals etliche Medien – der meinungsführende Spiegel vorweg – zunächst als eine Katastrophe an. Die kritischen Kommentare überschlugen sich geradezu vor kassandrischem Eifer. Der Untergang der Region schien mit der Währungsunion am 1. Juli 1990 vorprogrammiert. Der Westen nahm den Ossis etwas weg, er verfälschte ihr gewohntes Leben, sie würden nicht mal den bescheidenen Urlaub bezahlen können. Katastrophe, wohin der Journalistenmensch an Usedoms Küste auch schaute.

Obwohl ich selbst zur schreibenden Zunft gehöre, mochte ich den Pessimismus der Skandalkollegenschaft von Anfang an nicht teilen. Unser zweiter Besuch und ebenso der dritte wenige Jahre später zeigten denn auch, wohin die Entwicklung ging. Es wurde gebaut, es wurde renoviert, es wurde gestrichen. Und langsam, sehr langsam verwandelte sich das sozialistische Aschenputtel wieder in die Prinzessin, die es einmal war. Es kam Farbe in die alten Kaiserbäder Heringsdorf, Ahlbeck und Bansin, und jetzt, da alles noch auf eine gewisse Patina wartet, strahlen diese Orte etwas Jungfräuliches aus, so rosa, hellgrün, zartgelb und natürlich weiß, wie die Fassaden und ihre wiedererstandenen Veranden angestrichen sind. Breite Fahrradwege, wovon man in Stuttgart nur träumen kann, verbinden die Ortschaften und Hotels aller Kategorien. So schön möchten wir es hier auch einmal haben.

Nur am äußersten Ende der Insel, über ausgetrockneten Wiesen und brachem Land, erhebt sich ein altes, hässliches, riesenhaftes Backsteingemäuer und streckt seinen Schornstein wie einen warnenden Finger in den Himmel. Denn hier ist Schluss mit aller Zartheit und Jungfräulichkeit, hier ging es einst männlich und kriegerisch zu, hier wollte Adolf Hitler mit seiner V2 eine Wunderwaffe schmieden, um die Welt doch noch zu unterjochen; hier im Museum von Peenemünde, einem finsteren Rest des Dritten Reiches, kann man sehen, wohin es führt, wenn sich einer anmaßt, das eigene Volk zu einzigartiger Größe zu führen, und wenn die Massen dem Wahn hinterherlaufen. Lockt sie also doch einmal in diese leerreiche Ödnis, die Größenbesessenen unserer Tage: den Recep Tayyip Erdogan und den Donald Trump. Hier auf diesem Brachland, das nur noch Gedanken an gestern hervorruft, könnten sie lernen – wenn sie noch lernfähig wären! –, was wir schon wissen: dass sie mit der Größe nur sich selbst meinen und dass sie ihre Länder nicht zur Weltgeltung führen, sondern verzwergen.

Doch lassen wir die Nazi-Düsternis hinter uns, kehren wir zurück ins pastellfarbene moderne Leben an Usedoms Küste, wo heute nichts so ist, wie die Pessimisten unter uns Journalisten einstmals vorausgesagt haben. Ganz im Gegenteil. Helmut Kohl hatte recht. Diese Landschaft blüht, und sie ist voller Leben und Geschäftigkeit.

Flüchtlinge und die Folgen

Vom Rassenwahn zur übergroßen Milde

Es war ein wahres Wunder. Wie Phoenix stieg Deutschland aus der Asche des selbst verschuldeten Zweiten Weltkriegs und der Millionen Toten in Auschwitz und anderen Vernichtungslagern. Erst erdachten große Nachkriegsdemokraten wie Theodor Heuss und Carlo Schmidt eine Verfassung, welche die Fehler der Weimarer Vorgängerin für immer ausschließen sollte. Dann blühte, im Westen zumindest, die Wirtschaft auf. Schließlich errang das wiedervereinigte Land wegen seiner maßvollen und menschenfreundlichen Politik noch einmal einen Logenplatz unter den Geachteten der Völker.

An diesem Punkt sind wir nun angelangt.

Made in Germany, das scheint aufs Neue ein Etikett nicht nur für gute Produkte, sondern auch für den lebenswerten deutschen Alltag und das gute Regieren zu sein. Ein verlässlicher Staat, eine lebendige Zivilgesellschaft, das einflussreichste Land in der Mitte Europas. So beispielhaft steht es da, dass es Hunderttausende von Flüchtlingen anzieht. Am Ende könnten es gar eine Million sein. Hier dürfen Verfolgte auf eine Zukunft hoffen.

Die Frage ist nur: wie lange noch? Denn alles Erarbeitete und alles Erreichte ist in Gefahr. Wenn wir nicht sehr aufpassen, könnten wir bald verlieren, was wir in den letzten siebzig Jahren gewonnen haben. Dabei mag der äußere Friede durchaus gesichert sein, der innere aber ist brüchig. Das Gerüst, das die Väter der Verfassung kunstvoll aufgebaut haben, bekommt Risse. Es beginnt zu wanken, wo Radikalinskis und etliche Mitläufer Polizisten tätlich angreifen, wo linke und rechte Extremisten oder irgendwelche kriminellen Gruppen sie als Bullen beschimpfen, ihre Autos anzünden, Molotowcocktails werfen. Das begann schon zu Joschka Fischers Frankfurter Zeiten und hat sich seither gesteigert. Schon damals kursierte das Missverständnis, die Bundesrepublik sei ein Polizeistaat. Doch das ist sie ja gerade nicht. Sie ist ein Rechtsstaat. Wer aber soll das Recht durchsetzen, wenn Polizisten – wie im sächsischen Heidenau geschehen – geschmäht, behindert und körperlich verletzt werden?

Allerdings weisen diese Geschehnisse auch über den unmittelbaren Anlass hinaus. Sie bedeuten eine Missachtung der demokratischen Institutionen insgesamt. Und merkwürdigerweise treffen wir nicht nur bei den bösen Buben und Mädchen, bei den Rassisten, den Fremdenhassern, den Flüchtlingsfeinden darauf. Auch ihre Antipoden, die wahrhaft guten Menschen, die Willkommensfreunde und Asylbewahrer, die vorgeblich nur das Beste wollen, missachten die Gesetze und die staatlichen Organe. Auch sie behindern Polizisten und Beamte, wenn diese die rechtmäßig abgelehnten Asylbewerber abschieben wollen, die dann tatsächlich bleiben dürfen. Die Abschiebungsblockierer stellen ihre Gesinnung über das Gesetz, verstecken abgelehnte Asylbewerber vor den Beauftragten der Behörden. Brave Kirchenleute zum Beispiel, und doch Gesetzesbrecher. Man stelle sich mal vor, jeder Fromme beanspruche, dass die Regeln seines Glaubens und die Empfindungen seines höchst persönlichen Gewissens den Gesetzesbruch legitimieren.

Und solche Tendenzen gibt es ja. Wo kämen wir da hin? Und wie sollen, bei den Massen, die hier eintreffen, die wirklich berechtigten Flüchtlinge Platz finden, wenn die unberechtigt Angekommenen nicht gehen müssen, was ja in der Tat der Fall ist? Nur 15 Prozent der rechtskräftig Abzuschiebenden verlassen wirklich das Land. Und warum nehmen wir es hin, dass Asylbewerber ihre

Ausweise vernichten und ihre Herkunft verschleiern, um nicht abgeschoben zu werden, also gleich beim Eintritt in unser Land eine Straftat begehen?

Das ist ja gerade der Fortschritt der demokratischen Ordnung, dass sie für alle gleichermaßen gilt, dass jeder nach seiner Façon selig werden kann. Politisches Handeln aber muss allgemein gelten und verantwortet werden. Wo diese Selbstverständlichkeit fehlt, ist die Demokratie in Gefahr. Nur ein starker, seiner Werte bewusster und seine Ressourcen pflegender Staat kann anderen helfen.

Manchmal bedrückt mich der Gedanke, wir Deutschen würden von einem Extrem ins andere fallen. Einst waren wir mit großem Eifer und tiefer Überzeugung der Schrecken Europas. Unser Land zerbrach daran. Jetzt gebärden wir uns als ein Gemeinwesen der großen Güte, Mildtätigkeit und Toleranz. Das ist natürlich eine liebenswerte Variante. Und sie macht uns zu Recht stolz. Aber gefährlich ist sie auch. Wenn etwa der Mainstream der Nächstenliebe bis zu den Verfassungsrichtern hinaufreicht und sie, wie im Herbst 2014 geschehen, zu der Entscheidung veranlasst, jeden Asylbewerber wie einen Hartz-IV-Empfänger versorgen zu lassen, dann erbittert das auch manches gutwilligen Bürgers Herz. Denn das ist mehr, als andere Staaten geben. Nicht zuletzt deshalb kommen Flüchtlinge so gerne hierher.

Erst badete Deutschland im Rassenreinheitswahn, jetzt feiern wir unsere herausragende Großzügigkeit. Wie wär's zur Abwechslung einmal mit Maß und Ziel? Denn im Angesicht des Ansturms hilfsbedürftiger Menschen wird das alles nicht durchzuhalten sein. Die Decke der Zivilisation ist dünn. Die Vorgänge in Sachsen lassen uns ahnen, was von jenem Deutschland, das wir hinter uns wähnen, unter der wohltätigen Oberfläche noch fröhlich weiterkocht und zerstörerisch hervorbrechen kann.

Hie Willkommenslust, drüben Fremdenfrust

Erst herrschten nichts als schwarze Nacht und vorweihnachtliche Stille auf dem Platz zwischen Hofkirche und Semperoper. Doch plötzlich tauchten Gestalten wie Lemuren aus den engen Gassen auf, am Anfang nur vereinzelt, sich schließlich zur Masse sammelnd. Fackeln flammten hoch. Sprechchöre skandierten »Deutschland, einig Vaterland«. Am Ende zogen die Dresdner Bürger zu Tausenden über die Elbe und am anderen Ufer entlang.

Länger als ein Vierteljahrhundert liegt jener denkwürdige Abend nun zurück, an dem die Stadt zu brodeln anfing. Am nächsten Morgen wurde Helmut Kohl erwartet, der hier mit einer Rede vor den kläglichen Resten der Frauenkirche seine Karriere als Staatsmann und Kanzler der Einheit begann. Gut hunderttausend waren gekommen, um ihm zuzuhören. Und alle Weihnachtswünsche galten keineswegs nur der Einheit, sondern vor allem der Freiheit, die damit verbunden sein würde.

Unfasslich für jeden, der damals dabei war, dass ausgerechnet hier und in der Nachbarstadt Leipzig, die erst recht als Bollwerk der gewaltlosen Revolution gegen die DDR-Diktatur galt, jetzt, ein Vierteljahrhundert später, die Menschen mit geradezu entgegengesetzten Forderungen auf die Straße gehen. Radikale von rechts wie von links und extrem gewaltbereit.

Wie kann das sein? Was ist in den Köpfen vieler Bürger im Osten passiert? Und warum fegen über Westdeutschlands Gassen keine vergleichbaren Proteststürme gegen die Flüchtlingspolitik der Bundeskanzlerin hinweg? Hie Willkommenslust, dort Fremdenfrust? So klar ist das natürlich nicht zu trennen. Auch in den westdeutschen Ortschaften gibt es Proteste und Anschläge, und in vielen ostdeutschen Gemeinden formiert sich Widerstand gegen die Fremdenfeindlichkeit. Doch es sind Tendenzen sichtbar. Obwohl die Ostdeutschen nur 17 Prozent der Gesamtbevölkerung ausmachen, geschehen unter ihnen die Hälfte aller rassistischen Gewalttaten. Und das hat Gründe.

Natürlich sind nicht all jene Deutschen, die derzeit Flüchtlingen helfen und anpacken, plötzlich zu guten Menschen mutiert. Aber sicherlich wollen sie dem beschädigten Ruf Deutschlands nach dem Holocaust nun die gelebte Nächstenliebe entgegensetzen. Es entspricht ja auch dem Zeitgeist, dass der Mensch offen sei. Und so begeistert wie die Väter und Großväter einst den Mordaufrufen der Nazis folgten und für ihren Vernichtungswillen die gerade mal 500 000 völlig integrierten deutschen Juden ins Feld führten, so begeistert gehört es sich 70 Jahre später, Hunderttausenden von geflüchteten Muslimen ein freundliches Gesicht zu zeigen.

Aber das ist längst nicht alles. Unseren lieben westdeutschen Landsleuten – zumindest den meisten unter ihnen – geht es nicht nur vergleichsweise sehr gut, sie haben auch viel Zeit. Die Arbeitstage sind kurz, die Menschen gehen früh in Rente, die Familien sind klein und nicht mehr mit sechs und sieben Kindern gesegnet. In jedem Haushalt verrichten Maschinen die Arbeit, die früher viele Stunden beanspruchte. Da kann man sich doch gut noch woanders nützlich machen. Erst recht, wenn es sich um etwas Großes handelt. Und das ist die Flüchtlingskrise ohne Zweifel. Hier mitzuhelfen ist spannend, ist aufregend, ist erlebnisreich, füllt aus. Es verschafft einem gute Gefühle. Man tut etwas Sinnvolles, man hilft Menschen in Not, man spürt sich wieder, man ist mitten im Leben, und man gehört zu einer großen Gemeinschaft, deren Mitglieder ähnlich denken und handeln. Wunderbar!

Insofern hat Angela Merkel sehr vielen Deutschen, vor allem den Westdeutschen, auch wenn sie sich nun sehr anstrengen müssen, einen großen Gefallen getan. Zumindest fürs Erste. Denn keiner weiß, wie das alles ausgeht. Und wohin werden vorauseilende Unterwerfungen wie in jener Münchner Grundschule führen, wo sich die Kinder, um Muslime nicht zu provozieren, an Weihnachten statt als Maria und Josef als Orangen oder Bananen verkleiden durften? Das mag sogar den christlichsten Willkommenskulturisten in die Nase steigen.

Für Angela Merkels Landsleute in der ehemaligen »Zone« sieht die Sache freilich noch einmal ganz anders aus. Zwar geht es auch ihnen inzwischen gut, obwohl sie im Durchschnitt immer noch ein Viertel weniger verdienen als die Westdeutschen. Auch sie verfügen über viel Zeit, und in ihren Wohnungen stehen Trockner, Wasch- und Spülmaschinen. Am Kinderreichtum mangelt es ebenfalls. Doch sie haben leidvolle und entbehrungsreiche 40 Jahre hinter sich, sie glaubten sich endlich auf der Sonnenseite und fühlen sich nun ums gute Leben betrogen. Endlich schienen die Konten einigermaßen ausgeglichen. Und nun das: Fremde, an die sie – ganz anders als westdeutsche Großstädter – nicht gewöhnt sind, Fremde in Massen, die einem die ganze Wohligkeit, die man nach all der Qual errungen zu haben glaubte, beeinträchtigen, womöglich zerstören. Fremde, die Jobs wollen. Dabei hat man doch selbst mit Arbeitslosigkeit zu kämpfen. Schauerlich.

Hinzu kommt der Mangel an demokratischer Erfahrung und Bildung. So wird im verwöhnten Westen vorerst eher als Bereicherung und Belebung empfunden, was man im Osten als drohende Beraubung wahrnimmt. Und das gilt nicht nur für die neuen Bundesländer. Es erklärt auch die osteuropäische Weigerung, die deutsche Willkommenspolitik mitzutragen. Sie alle haben mit sich zu tun und wollen jetzt auch sich selbst genießen. Angela Merkel, in der Mark aufgewachsen, hätte es wissen können. Doch sie ist längst viel zu weit weg von alledem.

Der Burkini ist das Problem, er löst es nicht

Den Kopf gesenkt. Das Haar unter dem Schleier bis tief in die Stirn völlig verborgen. Bodenlange, schwarze Gewänder um den zierlichen Mädchenkörper. Die Hände brav zusammengelegt. So trat eine 13-jährige Muslimin in einem Saal des Bundesverwaltungsgerichts zu Leipzig auf und sprach von Freiheit. Gemeint war die Religionsfreiheit, die wolle sie leben und deshalb nicht einmal im Burkini am Schwimmunterricht ihrer Schule teilnehmen. In diesem Ganzkörperbadeanzug wäre sie doch ausgegrenzt und zudem den Blicken halb nackter Jungen preisgegeben. Möglicherweise käme sie sogar mit gleichaltrigen Mädchen in körperliche Berührung. Das alles verbiete ihr der Koran. Zur Verstärkung dieses leibfeindlichen Kanons stand der Vater der Schülerin hinter ihr, ein kräftiger Mann mit Glatze, Vollbart und offenem Hemdkragen – die drohende Männermacht in Person. Seine zarte Tochter indes kämpfte vor diesen Schranken nicht für irgendeine Freiheit, sondern für das krasse Gegenteil, für weibliche Unterwerfung.

Die Richter taten ihre Pflicht und verordneten die Teilnahme am koedukativen Schwimmunterricht im Burkini. Das sei zumutbar. Die deutsche Öffentlichkeit nahm es gelassen zur Kenntnis. Mir aber zog es beim Anblick dieses moslemischen Huschchens und beim Hören seiner ganz und gar unglaubwürdigen, offensichtlich einstudierten Rede das Herz zusammen. Vielleicht glaubte die Kleine in diesem Moment wirklich, was sie im Auftrag von wem auch immer vorbrachte. Ich musste dabei an Kindesmissbrauch denken – nicht den sexuellen, nein –, aber an den Missbrauch einer Dreizehnjährigen zur Propagierung und Durchsetzung mittelalterlicher und frauenfeindlicher Orthodoxien mitten in unserer gleichberechtigten und bunten europäischen Welt. Was für eine Gemeinheit!

Denn an der Lebenswirklichkeit des Mädchens ändert der Richtspruch nichts. Eher bestätigt er, dass der Alltag dieses Kindes mit dem Leben der Mehrzahl seiner Klassenkameraden sehr wenig zu tun hat. Wehe, du wirst in so etwas hineingeboren! Von Teilhabe am gesellschaftlichen Leben der Bundesrepublik, die bei uns doch so hochgehalten und über die in so vielen Talkshows debattiert wird, kann da keine Rede sein.

So oder ähnlich geht es freilich nicht nur in streng muslimischen Kreisen und in islamisch geprägten Weltgegenden zu. Das gibt es ebenso in christlichen Sekten oder bei den Ultraorthodoxen unter den Juden – vorweg in Israel. Hier wie da sollen die für heilig erklärten, das Leben einzäunenden Regeln solcher Orthodoxien direktemang zu Gott und in den Himmel führen. Dafür erscheint es gerechtfertigt, auf Erden die Hölle zu erleiden.

In der urchristlichen Sekte der »Zwölf Stämme« in Bayern, deren Untaten kürzlich bekannt geworden sind, hat der Tugendfuror, so viel man vorerst weiß, vor allem die Kinder getroffen. In islamischen Parallelgesellschaften sind meistens Mädchen und Frauen die Opfer. Die sollen gebären und den Männern dienen. Das ist dann nicht nur im Sinne Allahs, sondern auch praktisch. Und hier wie da gibt es Versuche, den Nachwuchs vom staatlichen Schulunterricht fernzuhalten, weil dort – sei es beim Schwimmen, sei es in der Sexualkunde – die Sünde lauert.

Vor allem die Sexualität gilt solchen Leuten als teuflische Versuchung, dazu Musik, Sport und Tanz, Kunst und Kultur, also das Kreative, das Begeisternde, alles, was den Menschen wachsen und werden lässt. Auch Bildung und das selbstständige Lernen sind den Orthodoxen jeglicher Couleur verdächtig. Denn in der Freude daran steckt ein Stück Aufruhr. Mit der Erweiterung des Herzens und mit dem Schärfen des Verstandes droht die Revolution.

Es geht also, ob in Familien oder einer ganzen Gesellschaft, stets um Macht: um die Macht über aufmüpfige Kinder wie bei den »Zwölf Stämmen« und anderen Sekten, über pubertierende und möglicherweise ausbrechende Töchter wie im Leipziger Gerichtssaal, über aufbegehrende Ehefrauen, über andersdenkende Minderheiten.

Dazu braucht man Glaubenssätze, welche die Unterdrückung rechtfertigen, seien sie noch so irrsinnig. In streng christlichen Sekten waren und sind Theater, Kino, Tanzen des Teufels. Bei den orthodoxen Juden dürfen Männer fremden Frauen nicht die Hand geben und auch keine fremde Frau singen hören. Männer und Frauen sollen im Bus getrennt sitzen wie einstmals in den USA Schwarze und Weiße. Bei den Orthodoxen aller Religionen und Pseudoreligionen ist Talibanesien nicht weit. Man quält sich gerne, aber noch lieber quält man andere und Schwächere. Der Wahn findet viele Gelegenheiten, sich der Menschen zu bemächtigen, und es ist schwer, sich daraus zu befreien.

Umso schlimmer, dass solche Geisteshaltungen auch in unserer säkularen und freiheitlichen Gesellschaft so fordernd auftreten können, wie das in Leipzig der Fall war. Wir sind sehr tolerant mit den Intoleranten. Auch löst der Burkini das Problem nicht. Ganz im Gegenteil, er macht es auf groteske Weise anschaulich. Die Totalverhüllung im Bad für ein paar bedauernswerte Mädchen, während alle anderen zur Sommerzeit auf den Straßen halb nackt herumlaufen: Verrückter geht es doch gar nicht.

Schon wieder ein Marsch durch die Institutionen

Stellen wir uns vor, es ist ein ganz normaler Morgen am Stuttgarter Landgericht. Auf der Agenda einer Schwurgerichtskammer steht der Totschlag einer jungen Türkin an ihrem extrem gewalttätigen Mann, mit dem sie einstmals zwangsweise verheiratet worden war. Sie hat ihn mit dem Küchenmesser abgestochen und den toten Körper auch noch um die Genitalien erleichtert. Kein ganz alltäglicher Fall, aber so ähnlich vor Jahr und Tag geschehen. Punkt neun Uhr betreten nun die fünf Richter in unserem Beispiel den Saal – drei hauptamtliche und zwei weibliche Schöffen. Die Richter tragen Roben, eine der beiden Frauen trägt ein Kopftuch.

Genau so hätte es die baden-württembergische Landesregierung gern, wie der Justizminister für einen Gesetzesentwurf ankündigte. Nicht den Richterinnen, Staatsanwältinnen, Rechtspflegerinnen und Rechtsreferendarinnen, wohl aber den Schöffinnen soll das Tragen eines Kopftuchs im Gerichtssaal erlaubt sein. Was aber würde eine solche ziemlich irrsinnige Regelung für das oben erwähnte Verfahren bedeuten? Dürfte die Täterin hoffen, dass die Glaubensgenossin bei der Urteilsfindung dafür eintritt, ihr einen Teil der Schuld zu erlassen? Oder würde sie, fromm wie sie anscheinend ist, eher das patriarchalische Prinzip ihrer Religion vertreten und keine mildernden Umstände gelten lassen? Müsste der Vorsitzende strenger führen als sonst, um seine Schäfchen beieinanderzuhalten? Wir wissen es nicht. Nur eines ist unübersehbar: mit dem Kopftuch hielte ein Gesinnungs-Symbol Einzug in unsere Gerichtssäle. Es ist keinesfalls nur ein Stückchen Stoff, sondern das Aushängeschild einer männlich dominierten Welt, in der sich Frauen nicht frei entwickeln dürfen, mit 15 Jahren schon zwangsverheiratet werden und ihre Schönheit verbergen müssen; es ist ein Signal, das die Neutralität des Gerichts verletzt, die hier gefordert ist.

Während die anderen Richter in ihrer Amtstracht oder im Straßenanzug, also unauffällig erscheinen, würde die Trägerin eines Kopftuchs den Gerichtssaal als Ort für eine Demonstration ihres Glaubens oder ihrer Weltsicht benutzen. Und das gälte ebenso für den Fall, dass ein Schöffe sich ein großes Kreuz um den Hals hängt oder ein jüdischer Kollege die Kippa aufsetzt. Denn Schöffen sind zwar Laienrichter. Sie sitzen als Vertreter des Volkes in den Verhandlungen. Aber ihre Rolle ist es nicht, dort diese oder jene Gruppe zu vertreten. Vielmehr sollen sie im Namen des ganzen Volkes Recht sprechen. Sie haben ja auch bei der Urteilsfindung das volle Stimmrecht wie die Berufsrichter. Also muss Unabhängigkeit ihr Leitmotiv sein. Das Kopftuch aber signalisiert Zugehörigkeit.

Es erzählt Parteiisches, ganz gleichgültig, ob die Trägerin es aus religiösen Gründen umbindet, ob sie glaubt, ihrem Gott zu dienen, ob sie sich einem Mann und der Familientradition unterwirft oder ob sie einer Mode folgt. Es ist auch nicht von Belang, ob sie nur auf sich aufmerksam machen oder sich ihrer Identität versichern möchte. Sei es, wie es wolle. Wir sind nicht Burka – wie uns Thomas de Maizière gelehrt hat –, wir sind ein Rechtsstaat.

Das ist bekannt, wird derzeit ja auch häufig öffentlich wiederholt, und trotzdem lassen die Kopftuch-Enthusiasten nicht locker. Zurzeit versuchen sie eben, das Tragen eines Kopftuchs bei weiblichen Prozessbeteiligten ganz allgemein durchzusetzen, also wieder einmal einen Anlauf zum Marsch durch die Institutionen zu nehmen.

Erst waren die Schulen an der Reihe. Da ist, nach langen Kämpfen, das Bundesverfassungsgericht im März 2015 in die Knie gegangen und hat ein pauschales Kopftuchverbot bei Lehrerinnen für verfassungswidrig erklärt – es sei denn, dass die Verhüllung Ärger macht. Jetzt gilt der Angriff den Gerichtssälen. In Bayern gab es schon ein Verfahren mit positivem Ausgang für die Kopftuch-Freunde. Die bayerische Staatsregierung legte Berufung ein. Und die Landesregierung von Baden-Württemberg kündigt nun schnell jenen Gesetzentwurf an, der immerhin den Schöffinnen erlauben soll, mit Schleier auf der Richterbank zu erscheinen. So lautet der Kompromiss, den die Hauptverantwortlichen – der Justizminister von der CDU und der grüne Ministerpräsident, zwei in diesem Fall allzu nette ältere Herren – für gut befinden.

Zu Unrecht. Denn dieser Beschluss dient nicht dem sachlichen Fortgang eines Verfahrens, allenfalls dem Fortbestand der gerade regierenden Koalition. Er beleidigt das Neutralitätsgebot selbst dann, wenn Kopftuch tragende Schöffinnen, so es sie gäbe, ganz unauffällig arbeiten würden. Nein, das Vorhaben ist ein Opfer, das man auf dem Altar der Grünen darbringt; es ist die Beruhigungspille für die Basis, die in einer kunterbunten Multikulti-Gesellschaft das Heil und die Seele der Partei sucht, aber zum eigenen Schaden gerne übersieht, dass es in Deutschland noch ein paar andere Interessen gibt. Doch nur so glaubt offenbar unser meistgeliebter Ministerpräsident, sich den Rücken frei halten zu können. Dabei wäre sein erprobter Widerstandsgeist gegenüber den parteieigenen Ideologen vonnöten gewesen. Schließlich geht es hier nicht um Peanuts, sondern um die Attacke auf einen Grundpfeiler unseres Staats.

AUS DEM MASCHINENRAUM DER MACHT

Die Würde der Vorsitzenden ist antastbar

Schon im »Faust«, in seiner Beschreibung von Auerbachs Keller, lässt Goethe den Studenten Brandner über das politische Lied als ein garstiges Lied lästern. An solchen und ähnlichen Schmähungen des politischen Gewerbes ist auch heute kein Mangel. Das reicht vom Stammtisch über die reizendsten Freundeskreise bis zur Netzgemeinde. Und natürlich ist jeder Bürger in einer freien Gesellschaft aufgerufen, das politische Geschehen kritisch zu verfolgen. Im Besonderen obliegt es uns Journalisten als sogenannte vierte Gewalt, darauf zu achten, dass das politische Lied nicht zu garstig und die Macht nicht missbraucht werde.

So, weit, so gut. Doch nachdem die lieben Genossinnen und Genossen der SPD ihrer Vorsitzenden das Amt aufs Rüdeste verleidet haben, will ich jetzt auch einmal eine Lanze brechen für das Metier, in dem sich Andrea Nahles bisher getummelt hat. Denn Politiker zu sein, erst recht, wenn man die oberen Ränge erreicht hat, ist vor allem ein aufreibendes Geschäft. Das fängt schon mit den zeitlichen Herausforderungen an. Da muss der Mensch sieben Tage in der Woche zur Verfügung stehen, muss nicht nur in der Partei oder bei der Arbeit in Parlament und Regierung, sondern auch im Wahlkreis präsent sein, den Kleintierzüchtern auf die Schultern klopfen, dem Schützenkönig die Hand schütteln und beim Verein der Blechbläser den Taktstock schwingen.

Politiker und Politikerinnen gehören nicht mehr sich selbst. Sie gehören der Politik, den Wählern, der Partei, den Freunden wie den Gegnern. In endlosen Sitzungen wird ihnen abverlangt, bis in die Nacht hinein auszuharren, um Papiere zu verabschieden, Vorstände zu wählen, Kompromisse zu finden, Gesetze auf den Weg zu schicken, sich zu behaupten. Nicht zu reden von den Wahlkämpfen, die den Kandidaten und die Kandidatin durch die Republik jagen, die ihnen Hunderte Male dieselbe Rede abfordern, sie vor große Massen wie in kleine Zirkel zwingen. Das kostet unendlich Energie und noch mehr Nerven. Dazu braucht der Mensch eine Konstitution, die ihm hilft, in Sekundenschnelle von höchster Anspannung und Konzentration auf Ruhe und Schlafen umsteigen zu lassen. Anders ist das nicht durchzuhalten. Ganz abgesehen von den allgegenwärtigen Einladungen zu kommunikativem Essen und Trinken. So hat mir ein schwäbischer Abgeordneter einmal gestanden, wenn der Wahlkampf vorbei sei, habe er ein Fässle Wein »ausgsoffa«. Nicht ohne Grund trägt unsere Bundeskanzlerin seit Jahren weite Jacketts. Auch Andrea Nahles ist keine Sylphide. Von Helmut Kohl, Gott hab ihn selig, ganz zu schweigen.

Das muss man ebenso aushalten wie die Sensationen heischende Öffentlichkeit. Ein falsches Wort, ein dummer Scherz, und schon bist du erledigt. Hätte Friedrich Merz, der vielfache Millionär, sich nicht heuchlerisch der gehobenen Mittelschicht zugerechnet, er wäre womöglich CDU-Vorsitzender geworden. Annegret Kramp-Karrenbauer wagte einen schrägen Faschingsscherz – und schon war ihr Renommee dahin. Dass Andrea Nahles den Christdemokraten in die »Fresse« hauen wollte, bleibt als Auftakt einer Reihe von Entgleisungen in Erinnerung, als deren Höhepunkt die Zustimmung zur Beförderung des angeschlagenen Verfassungsschutzpräsidenten Maaßen zum Staatssekretär angesehen wird.

In unserer totalen Mediengesellschaft, potenziert noch durch den entfesselten Schmäh im Internet, sind Politiker den sezierenden Blicken der Öffentlichkeit gnadenlos ausgesetzt, selbst wenn hier niemand so weit gehen würde wie Trump-Freunde in den USA, die ein Video mit der parteipolitischen Gegnerin Nancy Pelosi so verzerrt sendeten, dass der Eindruck einer debilen oder betrunkenen Person entstand. Aber die Merkel-Fotos in Naziuniform auf griechischen Titelseiten sind der Kanzlerin bestimmt auch unter die Haut gegangen. Am schmerzlichsten aber werden die Gemeinheiten von sogenannten Parteifreunden empfunden. Was Andrea Nahles in ihrer Fraktion zu erdulden hatte, muss selbst für diese robuste Person zu viel gewesen sein. Sonst hätte sie nicht alles hingeschmissen: Parteivorsitz und Fraktionsvorsitz. Man hat sie zum Sündenbock für schlechte Wahlergebnisse gemacht, hat auf sie eingedroschen, ihr die Würde genommen. In solchen Demontagen sind vor allem die Vertreter der reinen SPD-Lehre groß, die sich an ihren hehren Zielen berauschen und jeglichen Pragmatismus verachten. Das sind die wahren Zerstörer der Sozialdemokratie. Sie haben auch Helmut Schmidt und mit ihm für lange Jahre sozialdemokratische Kanzlermacht zur Strecke gebracht.

Soll man nun Mitleid haben mit der Entfliehenden? Das soll man nicht. Es wird ja niemand gezwungen, in die Politik zu gehen. Aber bedauern darf man diesen Rückzug schon. Nicht nur, weil eine Politikerin die Berliner Bühne verlässt, die mit Leidenschaft und Realitätssinn dabei war. Mehr noch wird die Brutalität ihrer Vertreibung im Gedächtnis des Wahlvolks bleiben, die das Vorurteil vom garstigen politischen Lied bestätigt.

Und es ist ja wahr, die Preise sind hoch. Doch ohne Politik und Leute wie Andrea Nahles geht es nicht.

Wir schaffen das nicht

Jetzt haben wir den Salat. Jetzt sitzt die AfD mit 94 Abgeordneten im Deutschen Bundestag. Jetzt wissen wir, dass der von Angela Merkel im Angesicht des Flüchtlingszustroms anno 2015 gesprochene Satz »Wir schaffen das« der gefährlichste Satz der vergangenen Legislaturperiode war. Ein Satz, geboren aus schönen Träumen, der vor der Wirklichkeit nicht standhalten konnte. Gleichwohl ließ die Kanzlerin nicht davon ab, diese Worte gebetsmühlenartig zu wiederholen. Und im ersten Moment, in der schönen Aufwallung der Willkommenskultur, mochten ihr, der reinen Magd am Wohle des Volkes, viele glauben. Auch andere schöne Sätze, von anderen gesprochen und geschrieben und so nachgerade zu einem Mantra der öffentlichen Meinung geworden, gesellten sich verstärkend hinzu. Da wurden die Millionen Vertriebenen ins Feld geführt, die man nach Kriegsende doch auch integriert habe. Und da galt die Parole, nicht über Probleme mit den Zugewanderten zu reden, denn damit betreibe man nur das Geschäft der AfD. Wer sich nicht daran hielt, machte sich auf der Stelle des rechten Radikalismus verdächtig. Das aber können wir uns mit unserer Vergangenheit nicht leisten. Also Ruhe bewahren. Viel Schönrednerei. Es wird schon alles gut gehen.

Doch die Kritik und die Zweifel, die sich nicht an die Öffentlichkeit trauten, pflanzten sich unter der Decke bewundernswerter Menschlichkeit fort. Ein unterirdisches Grollen war zu vernehmen – auch im Kreis sehr aufgeschlossener, gebildeter und gutwilliger Zeitgenossen – und verschaffte sich in der Bundestagswahl explosionsartig Auslauf. Denn durch die Masseneinwanderung sehen viele Einheimische ihre Lebensweisen in Frage gestellt: ihre emanzipierten Auffassungen vom Verhältnis der Geschlechter, von nationalen Gebräuchen, von Werten, die in Europa unter großen Opfern erkämpft worden sind. Man spürt, dass die Leute Angst haben und sich hilflos fühlen. Hat die Kanzlerin das nicht mitbekommen? War es ihr egal? Oder schielte sie, wie manche professionellen Beobachter argwöhnen, gar auf den Friedensnobelpreis?

Vielleicht gab ja auch jene über alle Sender verbreitete Szene mit dem kleinen palästinensischen Mädchen den Anstoß für ihre Willkommensbegeisterung. Nicht alle könnten bleiben, hatte sie dem Kind bedeutet, das sofort zu weinen begann, weshalb auf der Stelle ein Sturm der Entrüstung über das kalte Herz der Regentin durch die Medienlandschaft brauste. Wollte sie mit dem großen Hereinlassen der in Budapest Beengten und Bedrängten diesen Eindruck korrigieren? Hat sie in jenem Moment der Güte die gravierenden Folgen nicht bedacht? Die aber gibt es.

Denn es kamen Hunderttausende, und der Zustrom ist nicht beendet, er ist bloß geringer geworden. Diese Menschen haben nur den Ortswechsel, sonst aber nichts mit den Vertriebenen von 1945 gemein. Sie sprechen eine andere Sprache, sie bringen nicht die gleichen Bildungsvoraussetzungen mit und sie kommen aus einem völlig anderen Kulturkreis. So wie sie uns fremd erscheinen, müssen sie sich zunächst sehr fremd fühlen in diesem kalten Land. Sie wollen hier überleben, viele wollen auch besser leben als zu Hause, trotzdem beharren sie auf ihrer Identität. Das kann man nachfühlen. Also Kopftücher, Moscheen, Gebete in Schulen, Zwangsehen, Unterdrückung von Frauen. Das gehört bei etlichen zu ihrem Wir-Gefühl. Das Problem ist: es kollidiert mit unserem Wir-Gefühl. Weshalb man eher nebeneinanderher lebt, sich auch Parallelgesellschaften bilden und die überkommenen Zugehörigkeiten an die nächsten Generationen weitergegeben werden. Sonst hätte es der Herr Erdogan doch nicht so leicht gehabt, in die Bundesrepublik hineinzuregieren.

Wir schaffen das? Nein, auf alle Fälle nicht in absehbarer Zeit, vielleicht auch erst in der zweiten oder dritten Einwanderergeneration. Die Kommunen sind überlastet, es fehlt an Wohnraum, bei den Gerichten sind Hunderttausende von Asylklagen anhängig und unbeantwortet. Das wird nicht besser, wenn nun auch noch der Familiennachzug für diejenigen genehmigt ist, die nur subsidiären Schutz genießen. Da kommen dann noch einmal ein paar Hunderttausend, darunter viele Frauen, die nicht einmal lesen und schreiben können, die sich in der neuen Welt gar nicht hinaustrauen. Wie kann man den Mut haben, ausgerechnet mit deren Hilfe auf schnelle Integration zu bauen?

Und was soll man davon halten, dass rund 80 Prozent der Flüchtlinge junge Männer sind, die zu einem beträchtlichen Teil ihre Familien im Stich gelassen haben? Ihre Frauen und Kinder darben weiterhin in den Schreckensgebieten oder in irgendwelchen Lagern, während die prächtigen Mannsbilder hier von unserem Sozialstaat freundlich umfangen werden. Dass sie im besten Testosteronalter sind, kommt erschwerend hinzu. Ist der Gedanke völlig abwegig, dass ihre Kräfte zu Hause sinnvoll eingesetzt wären – zumindest dort, wo sie nicht politisch verfolgt werden?

Über all das und noch viel mehr muss man hier reden dürfen, ohne dass einem Kathrin Göring-Eckardt, die fromme Helene der Grünen, die schon in der Wahlnacht eine neue Omertà verhängte, über den Mund fährt. Sonst kriegen wir die AfD nicht klein.

Wir dummen Deutschen

Wir hatten das ZDF eingeschaltet und sahen das heute-journal. Moderator Claus Kleber erschien auf dem Bildschirm. Nach seinem üblich-eitlen Gottenabend informierte er über das Attentat in Berlin mit zwölf Toten und vielen Verletzten. Danach folgte ein Bericht über die Abschiebung abgelehnter oder auch krimineller Asylbewerber nach Afghanistan. Und dann, um uns dummen Deutschen anschaulich zu machen, dass dies zwar rechtens, aber moralisch unter Umständen doch sehr unschön sein kann, folgte ein Bericht über einen afghanischen Hindu. Der ist nun wieder zu Hause. Dort angekommen, hat er Angst und weint. Da bricht uns glatt das Herz, und da sollen wir auch mit gerunzelter Stirn auf diesen bösen Rechtsstaat schauen.

Das ist absurd, erst recht, nachdem es diesem bösen Rechtsstaat aus den verschiedensten Gründen nicht gelingt, Tausende von Asylbewerbern abzuschieben, die kein Bleiberecht haben. Trotzdem wackelt der Herr Oberlehrer Kleber mit dem Zeigefinger, um uns zu belehren. Andere Kollegen tun es ihm gleich, natürlich auch die geborenen Menschenfreunde in wohltätigen Organisationen, in Parteien und Gewerkschaften, die Nachhut der Achtundsechziger. Und auch der Bundespräsident stimmt mit ein. Dagegen ist im Grunde nichts einzuwenden, vor allem, nachdem so schreckliche Dinge wie in Berlin, in Freiburg und anderswo geschehen sind. Da könnte in der Tat der eine oder die andere auf die Idee kommen, vom Einzeltäter auf die Gruppe zu schließen.

Aber wer tut das eigentlich – außer den Scharfmachern in der AfD oder in Kreisen noch weiter rechts? Nach wie vor haben doch die allermeisten Deutschen einen kühlen Kopf, auch wenn der Willkommenseifer langsam, aber sicher nachlässt. Die Leute zeigen sich weiterhin wohlwollend im Umgang mit den Flüchtlingen und versuchen, bei der Integration zu helfen. Sie wissen, dass nicht alle Schutzsuchende Heilige sind und ebenso, dass nicht hinter jedem ein Übeltäter steckt.

Trotzdem hängt ein Unmut in der Luft, der den Rechten die Wähler zutreibt. Dieser Unmut habe, wie überall zu lesen, mit den Armen und Abgehängten zu tun, die um ihre Zukunft bangen, um Jobs und Wohnungen – nicht zuletzt wegen des Zustroms der Flüchtlinge. Da mag etwas dran sein, aber eben nicht nur. Und vielleicht auch nicht in der Hauptsache.

Die Populisten, obwohl sie in Wahrheit nichts zu bieten haben, erscheinen auch deshalb attraktiv, weil Probleme wie der massive Kontrollverlust des Staates 2015, der bis heute andauert, von Politikern, Parteien und uns Journalisten verharmlost, verschleiert und schöngeredet wird. Es findet sich ja immer irgendein trauriges Einzelschicksal wie jener Hindu in Afghanistan, um die ach so uninformierten Bürger pharisäerhaft zu belehren. Und also beginnt das Trommelfeuer der Ermahnungen sogar die Gutwilligsten zu nerven.

Deshalb laufen nicht nur die Abgehängten den Populisten hinterher. Auch Herr und Frau Jedermann fühlen sich im Abseits, aber nicht materiell, sondern als gesellschaftliche Kraft, die behandelt wird, als sei sie moralisch nicht auf der Höhe der Zeit, folglich eine quantité négligeable. Dabei handelt es sich doch um die Basis unserer Arbeitsgesellschaft, unseres Wohlergehens, jeglichen Fortschritts und des sozialen Ausgleichs. Es geht schlicht um Frauen und Männer, beschäftigt beim Daimler oder beim Bosch, seit Jahrzehnten verheiratet, obwohl das gerade aus der Mode gekommen ist, zwei Kinder, vier oder fünf Enkel, ein Gärtchen vor der Tür oder anderswo, abends vor der Glotze oder beim Bier mit Freunden in einer Wirtschaft, vielleicht ein bisschen spießig, aber redlich, fleißig, alles andere als rechtsradikal.

Nein, sie sind keine Nazis. Dafür sind sie es vor allem, die Merkels Wir-schaffen-das-Versprechen erfüllen sollen. Natürlich haben sie nichts gegen Flüchtlinge, arbeiten ja oft mit ihnen zusammen, helfen womöglich sogar bei der vielbeschworenen Integration. Aber dass Straßen nicht repariert werden, dass Brücken verfallen, dass Schulen verkommen und Schultoiletten kaum noch benutzbar sind, das macht böses Blut.

Da braut sich also etwas zusammen, und es zeigt sich in den Wahlergebnissen. Keine schweigende Mehrheit tritt da zutage, aber doch eine beträchtliche Minderheit, die sich in Wahlen als Zuwendung zur AfD Luft macht. Früher hat man in diesen wie jenen Kreisen CDU, SPD oder FDP gewählt. Jetzt bekennen sich – unter der Hand – sogar Leute aus der Oberschicht zu einem möglichen Seitensprung in Richtung der Rechtsradikalen. Sie hätten ihre politische Heimat verloren, hört man sie sagen, und sie fürchten, dass ihnen nun auch die kulturelle Heimat genommen wird. Das mag übertrieben sein. Aber solche Ängste werden nicht dadurch geringer, dass einer wie der Volljurist Claus Kleber den Rechtsstaat vorführt. Ganz im Gegenteil.

Bundesrepublik, du alte Jungfer

Eine seltsame Geschichte: Detlev Karsten Rohwedder, der später von der RAF ermordete Treuhandchef, erzählte sie mir, als er noch in seinem alten Job als Chef der Hoesch AG arbeitete. Es sei wunderbar – so bekannte er damals –, nach einem Flug über den Atlantik in aller Herrgottsfrühe vollkommen unkontrolliert in die Bundesrepublik einzureisen. Das geschähe des Öfteren, da manche Zollbeamte morgens um sechs Uhr noch nicht im Dienst seien. Doch er liebe diesen Nachtwächterstaat. Eine gefährliche Liebe. Sie hat ihn das Leben gekostet. So schwach war dieser Staat, dass er ihn nicht vor den Kugeln der Terroristen zu schützen vermochte.

Seither hat der Staat Bundesrepublik keineswegs an Kraft zugelegt, und dies zunächst zur Freude aller, die freiheitlich dachten und denken. Denn mit einem übermächtigen, ja totalitären Staat haben wir in Deutschland katastrophale Erfahrungen gemacht. Im Auftrag jenes fernen menschenverachtenden Staates und scheinlegitimiert durch seine grausamen Gesetze sind die schlimmsten Verbrechen in der Geschichte der Menschheit begangen worden. Kein Wunder, dass die Kinder, Enkel und Urenkel der dafür verantwortlichen Generation beim Gedanken an einen starken Staat sehr empfindlich sind.

Schon das absolut harmlose Vorhaben einer Volkszählung löste anno 1987 bundesweite Proteste aus. Der schlanke Staat galt lange als Ideal. Abbau und Umbau der Polizei waren angesagt. Auch das Militär, im alten Preußen ein Sehnsuchtsort für ehrgeizige junge Männer aus gutem Hause, geriet nach Hitlers Krieg begreiflicherweise in Acht und Bann. So schüttelten viele voll Unverständnis ihr besorgtes Haupt, als sich der junge SPD-Politiker Helmut Schmidt am Ende der Fünfzigerjahre freiwillig zu einer Wehrübung meldete, um die Parlamentsarmee mit ihren Bürgern in Uniform aufzuwerten.

Inzwischen ist die Wehrpflicht abgeschafft und der Etat für Verteidigung eines um das andere Mal abgeschmolzen worden. Das hat Folgen: Unsere Hubschrauber und Tornados fliegen nicht, die Gewehre treffen nicht, die U-Boote tauchen nicht, und es fehlt an Rekruten. Deutschland, das unter Adolf dem Schrecklichen die Welt beherrschen wollte, hat sich in den Jahrzehnten danach vom menschenverachtenden Krieger zur verkrampften alten Jungfer gewandelt. Nicht Sieg, sondern Zurückhaltung, ja Demut heißt unser Panier.

Helmut Kohl beförderte diese Haltung.

Sie war ja auch lange Zeit angemessen und nützlich. Doch inzwischen erweist sich die Jungfer Bundesrepublik als überreif, steht sie doch – zusammen mit anderen Europäern – ohne den Patenonkel aus Übersee ziemlich schutzlos da. Aber nicht einmal der jugendfrische Emmanuel Macron schafft es, die dröge Dame vor dem endgültigen Vertrocknen noch schnell zu erwecken. Sie zögert und traut sich nicht, weiß auch nicht so recht, wer sie eigentlich ist. Stark oder schwach, das ist hier die Frage.

Zwar spielt die Bundesrepublik wirtschaftlich eine Hauptrolle, sticht andere aus, was nicht die ganze Welt erfreut. Gleichzeitig will sie aber die liebenswerteste aller Republiken sein, ein Gegenentwurf zum Dritten Reich, hilfreich und gut, mild zu bösen Mächten, tolerant auch zu Intoleranten, zaghaft nach innen wie nach außen.

Wenn einstmals in deutschen Schreckenszeiten alles verboten war, so ist nun ziemlich viel erlaubt. Darüber freuen sich die meisten. Manchmal freilich auch nicht. Man will ja keine knüppelnde Polizei, aber eine, die davonläuft vor einem Häuflein Asylbewerber und drei Tage später mit 500 Mann Verstärkung wiederkommen muss, um einen einzigen abgelehnten Flüchtling abschieben zu können, bei Gott, so eine Nachtwächterei will man auch nicht.

Gab es bis weit in die Nachkriegszeit Beamte, die sich gern aufspielten gegenüber einem Hilfe heischenden Bürger, ihn warten ließen oder schikanierten, so überschlagen sich jetzt Diener unseres Staates vor Güte in manchen Außenstellen des Amtes für Flüchtlinge und Migration. Sie winken Leute ohne Papiere oder mit gefälschten Unterlagen einfach durch, erteilen Anerkennungen, wo zumindest Aufmerksamkeit geboten wäre. Noch weiß man nicht genau, ob nur übertriebene Menschenfreundlichkeit, Schlamperei oder doch auch Korruption dahintersteckt. Und das in Deutschland! Die Leute von der AfD wittern Morgenluft. Heilige Jungfrau Bundesrepublik! Ich bitt für dich.

Schwache Polizisten, undichte Grenzen, unzuverlässige Verwaltungsbeamte, eine Masseneinwanderung und kein Einwanderungsgesetz, überforderte Gerichte und, nicht zu vergessen, hilflose Lehrer. Es ist ja noch gar nicht so lange her, da haben die alten Pauker Tatzen und Ohrfeigen unter ihren Schülern ausgeteilt. Nun sind sie es, die sich an Leib und Seele verletzen lassen müssen – das eine so schlimm wie das andere. Kurzum, die Jungfrau ist in der Defensive.

Da muss sie heraus. Ein bisschen mehr Staat und Selbstvertrauen darf es schon sein. Aber mit Angela Merkel, unserer lauen Majestät, wird das wohl nichts.

Phoenix aus Christian Wulffs Asche

Manchmal, wenn Horst Köhler starren Blickes und mit eckigen Kopfbewegungen in eine Fernsehkamera blickte, wusste man nicht genau, ob er selbst es war oder ob man gerade einer Parodie des Kabarettisten Richling zusah. Der Bundespräsident, je länger er im Amt war, je weniger er dort sagte, schwand in Ereignislosigkeit dahin. Wäre er nicht zurückgetreten, wir hätten irgendwann vergessen, dass er im Bellevue sitzt und uns alle repräsentiert. Der blasse Mann hat das Amt marginalisiert.

Damit war er in der langen Reihe seiner Vorgänger jedoch nicht allein. Heinrich Lübke, der auf den gebildeten und wortmächtigen Theodor Heuss folgte, verbreitete von allem Anfang an eine Atmosphäre der Bedeutungslosigkeit. Man nahm ihn schon nicht mehr richtig ernst, als er noch Herr seiner Sinne war. Sein Abgang schien nur zu bestätigen, was man schon zuvor von ihm gehalten hatte.

Gustav Heinemann, der nach ihm kam, hinterließ uns vor allem die Aussage, er liebe nicht den Staat, sondern seine Frau, wobei Letzteres nicht ganz leicht zu glauben war. So ausgesprochen herb wirkte die Dame. Aber der Spruch passte vorzüglich in die 68er-Zeit, die ausgerechnet hinter der braven Bundesrepublik faschistische Strukturen vermutete. Und dass der Präsident, im Zusammenhang mit seiner Wahl, ein Stück Machtwechsel verkündete, der dann auch eintrat, hebt ihn noch heute heraus aus der beträchtlichen Reihe der weniger aufregenden Herren in der Präsidentenlinie.

Auch Walter Scheel, der als Außenminister Willy Brandts entscheidenden Anteil an der neuen Ostpolitik hatte, riss die Leute nur vom Hocker, wenn er sang. Den Älteren klingt sein hell geschmettertes »Hoch auf dem gelben Wagen« noch im Ohr. Immerhin ging ihm ein guter Redenschreiber zur Hand.

Gegen diese rheinische Frohnatur fiel Karl Carstens deutlich ab. Von Beruf ein Spitzenbeamter, zwischendurch Vorsitzender der CDU-Fraktion im Deutschen Bundestag, tat er sich vor allem als Wanderer hervor. Darüber hinaus blieb mir im Gedächtnis, dass er auf Auslandsreisen, zum Beispiel in China, zu allem, was ihm da vorgeführt wurde, mit schöner Einfalt das Etikett »fabelhaft« parat hatte. Fabelhaft zur Verbotenen Stadt, fabelhaft zur Tonsoldatenarmee in Xian, fabelhaft zu den Bergen am Flusse Li. Kein Wunder, dass man sich lieber an seine kluge Frau als an ihn selbst erinnert.

Dann aber trat Richard von Weizsäcker auf den Plan, ein Größerer. Schon im Schloss geboren – dem zu Stuttgart, anno 1920 –, war ihm das Amt wie auf den Leib geschneidert. Dementsprechend sah er auch aus: silbergelockt, mit feinen Zügen und einem geschmäcklerischen Zug um den Mund. Eine gewisse Kühle umgab ihn. Ein Bürgerpräsident wurde er nicht, ein Staatsmann durchaus, vor allem mit seinem erhellenden Wort zum 8. Mai 1945, der doch ein Tag der Befreiung, nicht der Niederlage gewesen sei.

Mit Roman Herzog und Johannes Rau kehrte der Alltag wieder ein an der Spitze des Staates. Beide hatten die besten Jahre ihrer Laufbahn schon hinter sich. Von Herzog bewahren wir uns die Ruck-Rede in der Erinnerung. Sie wurde häufig verulkt und hatte keine Folgen. Johannes Rau, ein dazumal kranker Mann, wollte – wie schon zuvor als Kanzlerkandidat – versöhnen statt spalten. Auch er entfachte kein Gedankenfeuer im Bellevue.

Erst als Christian Wulff kühn behauptete, der Islam gehöre zu Deutschland, schien ein Bundespräsident wieder neue Wege weisen zu wollen. Es kam bekanntlich ganz anders. Nicht weil er Wege wies, sondern weil er vom Wege abgekommen war, befeuerte der Präsident die Schlagzeilen.

Tausend Talkshows, mindestens, befassten sich mit seinen Verfehlungen. Die Nation zerfranste sich das Maul über ihr Staatsoberhaupt. Das Amt, so hieß es allenthalben, sei beschädigt, womöglich gar überflüssig geworden.

Doch siehe, es geschehen Zeichen und Wunder. Eine schlechte Presse ist besser als gar keine Presse. Wulffs Sünden haben den Inhaber ins politische Aus bugsiert, das Amt hingegen in den Mittelpunkt des politischen und gesellschaftlichen Diskurses gerückt. Sie haben es aus dem Tiefschlaf erweckt, in den es nach Weizsäckers Regentschaft während der Herzog-Rau-Köhler-Jahre gefallen war. Ohne den Absturz des Hannoveraners kein Aufblühen seines verlorenen Amtes. Wann wäre je so viel über die Aufgaben eines Bundespräsidenten geredet und geschrieben worden?

So hat das Amt errungen, was in der Mediengesellschaft zu den höchsten Gütern zählt – eine schier unglaubliche öffentliche Aufmerksamkeit. Es ist ein Phönix aus Christian Wulffs Asche. Es hat seinen Platz im Bewusstsein des Volkes mehr als nur behauptet, es ist unversehrt, es ist populär.

Es ist die keusche Braut, die jeden Neuen – insbesondere einen so wortgewaltigen Streiter für Freiheit und Demokratie wie Joachim Gauck – kraftvoll in die Arme nehmen kann.

Nicht Komplizen, sondern Kontrolleure der Macht

Das war wirklich sehr überraschend, damals in der Münchener Residenz, bei einem Pressempfang des Ministerpräsidenten Franz Josef Strauß. Da stand doch zu später Stunde der Gastgeber auf dem Prominentenpodium und schäkerte mit Erich Böhme, dem Chefredakteur des »Spiegel«. Geradezu freundschaftlich legte er dem Journalisten die Hand auf die Schulter und fasste dessen attraktive Frau mehrmals fast liebevoll um die Taille. Dabei waren sie sich doch, nach außen hin zumindest, so viele Jahre spinnefeind gewesen. Aber offenkundig profitierten beide Seiten von dieser Feindschaft, und beide wussten es. Das Nachrichtenmagazin hatte einen Daueraufreißer, und der bayerische Löwe sah sich ein um das andere Mal als mächtige, wenn auch umstrittene Figur in den Mittelpunkt gestellt. Ein schönes Spiel, ein Spiel um Nähe und Distanz von Politikern und Journalisten – ein gefährliches Spiel.

Auch Franz Josef Strauß, der zunehmend paranoide Züge aufwies, konnte es, entgegen dem Anschein auf jener Party, nicht ganz gewinnen. Es herrschten aber auch andere Sitten zu seiner Zeit, man verhielt sich großzügiger gegenüber der politischen Kaste. Außerdem war der Bayer bekanntlich überragend intelligent und zudem stets mächtig auf der Hut.

Christian Wulff jedoch hatte jedoch bereits verloren, obschon oder gerade weil in seinem Fall dieses Geschäft auf Gegenseitigkeit nicht auf einer plakativen Feindschaft, sondern eher auf so etwas wie Freundschaft erblühte. Das muss seinen ohnehin nicht ganz klaren Blick zusätzlich getrübt haben. Sonst hätte er dem »Bild«-Chef Diekmann nicht mit dem »Bruch« gedroht. Er hätte gewusst, dass die Freundlichkeit und Freundschaftlichkeit von Journalisten gegenüber Politikern niemals unverbrüchlich sein kann. Es ist nicht ihr Auftrag, es ist aber noch viel weniger ihr Interesse, den Herrschenden die Steigbügel zu halten. Sie leben davon, Kontrolleure, nicht Komplizen der Macht zu sein.

Aber das ist auch anderen schon aus dem Blick geraten. Klügeren. Lothar Späth etwa, der sehr überrascht war, als ihn der »Spiegel«, der ihn zuvor als möglichen Nachfolger Helmut Kohls im Kanzleramt hochgeschrieben hatte, im ersten Moment, da er stolperte, eiskalt fallen ließ. Nicht unser Cleverle hatte sich den »Spiegel« als Propagandamaschine gehalten, vielmehr war es die mächtige Zeitschrift gewesen, die den ahnungslosen Schwaben als Beförderer ihrer Auflagen benutzte – mal als potenziellen Sieger, mal als Verlierer.

Offenkundig ist es schwer für Politiker, auf den notwendigen Abstand zu sehen, wenn Medien sie vorübergehend für interessant halten. Es ist halt so schön und auch so nützlich, öffentlich geliebt und gelobt zu werden. Schon zeigt man sich, wie Christian Wulff und Gerhard Schröder, auch freudig mit der Zweit- oder Drittfrau. Presse und Politik als ein Herz und eine Seele. Nichts und niemand soll sie trennen. Angela Merkel, die Kühle, käme da gewiss nie in Versuchung. Und Helmut Kohl, ihr Lehrmeister, hatte sich, so bekannte er mir einst, sogar einen »Chitinpanzer« gegen die Anmutungen und Zumutungen der lieben Kollegen, besonders der aus Hamburg, zugelegt. Auch Joschka Fischer, ewiger Liebling des »Spiegel«, aber auch monadenhaft auf sich selbst bezogen, wahrte immer eine gewisse Distanz – und blieb bis heute als Gesprächspartner begehrt.

Fast noch schwerer als für Politiker ist es für politische Journalisten, auf den notwendigen Abstand zu achten. Denn die Politik ist ja ihr Thema. Sie müssen Politiker beobachten, müssen mit ihnen reisen, müssen mit ihnen reden, müssen ihnen ihr Interesse signalisieren, müssen ihnen dabei Brücken bauen, die sie freudig begehen und etwas erzählen. Man sitzt zusammen im Flugzeug, bei Hintergrundgesprächen, beim Viertele – und ist sich nahe. Anschließend, wenn das Material bearbeitet wird, heißt es, alle Gefühle auszuschalten und kritisch zu bleiben, auch auf die Gefahr hin, dass man bei der nächsten Reise, beim nächsten Gespräch nicht mehr dabei sein wird.

Wehe aber dem Journalisten und der Journalistin, die sich von einem Politiker oder einer politischen Richtung – sei es aus Angst, sei es aus Überzeugung – instrumentalisieren lassen, ihre Unabhängigkeit aufgeben, sich vielleicht sogar als Teil der Macht fühlen. Man weiß dann immer schon, was sie sagen, vorführen oder schreiben werden. Darauf steht die Höchststrafe: Sie werden langweilig.

Der »Bild«-Zeitung kann man viel nachsagen. Langweilig ist sie nicht. Und natürlich lässt sich diese deutsche Großmacht auch von keinem Politiker instrumentalisieren. Sie ist es, die den Ton vorgibt, die Christian Wulff zuerst als glücklichen Ehebrecher feiert, danach, dem bewährten Muster folgend, als schnöden Absahner verdammt und als Verächter der Meinungsfreiheit entlarvt.

Scheibchenweise allerdings. Damit der Lesestoff nicht so schnell ausgeht. Der Spiegel darf den Büttel spielen, und alle finden sich zum scheußlichen Schluss auf niedrigstem Niveau.

Urbi et Orbi

Kein Sturm der Entrüstung

Da haben wir doch, ach, jahrzehntelang mit heißem Bemühen die Geschichte studiert, haben Asche auf unser Haupt gestreut, Buße abgeleistet für alles, was im Namen unseres geliebten Vaterlandes den Juden in Deutschland und Europa angetan worden ist. Wir haben Mahnmale geschaffen, eine Verfassung entworfen und treu nach ihr gelebt, die aus den Fehlern von Weimar lernte und inzwischen als beispielhaft gilt in der Welt. Wir haben die historische Sünde des Holocaust zwar nicht bewältigt – weil dieses Grauenvollste unter dem Grauenvollen nicht zu bewältigen ist. Aber wir haben sie nie geleugnet, anders als die Türken, die bis heute nicht den Mut aufbringen, sich zum Völkermord an den Armeniern vor hundert Jahren zu bekennen. Wir hingegen sind mit uns ins Gericht gegangen.

Wir haben das Vernünftigste getan, was man tun konnte, haben uns die menschenfreundlichsten Regeln gegeben, haben sie an andere Völker weitergereicht, haben sie praktiziert. Wir haben versucht zu helfen, wo wir helfen konnten. Und nicht zuletzt haben wir uns vorgenommen, niemanden mehr auszugrenzen, den wir für fremd halten oder von dem irgendwelche angemaßten Autoritäten uns weismachen wollten oder wollen, dass er – oder sie – fremd sein könnten.

Zugegeben. Es hat ein bisschen gedauert, bis wir so weit waren. Aber längst sind wir an diesem Punkt angelangt. Und wer gegen Ausländer, Migranten, Behinderte, Schwarze, Gelbe, Rote, gegen Genderfrauen und Anti-Genderfrauen, gegen Moslems, Buddhisten, Gentrifizierte und Infizierte, Körnchenfresser und Fleischverschlinger, Homos und Heteros, Bisexuelle und Transsexuelle, Entehrte oder Entrechtete zu Felde zieht, den stellen wir – und dies weiß Gott nicht ohne gehörige Übertreibungen – ab sofort und unwiderruflich an der Pranger als Faschisten, als Rassisten, als Chauvinisten und Neo-Nationalsozialisten, die unseren gut-gütig dahinfließenden Mainstream in geradezu unanständige Turbulenzen bringen. Das darf man nicht.

Nur eines darf man plötzlich wieder. Man darf öffentlich gegen die Juden hetzen. Auf Deutschlands Straßen! Im Verlaufe großer Demonstrationen! Man wirft Brandsätze auf Synagogen wie anno 1938, man skandiert Parolen wie »Jude, Jude, feiges Schwein, komm heraus und kämpf allein«! Man beschimpft vorübergehende Zeitgenossen mit Kippa auf dem Kopf als »Scheiß-Jude« oder »Kindermörder«. Aber das Volk steht so wenig auf wie damals. Allenfalls zweihundert Mutige zeigen sich mal und halten dagegen. Doch wo ein Sturm des »Haltet-ein« losbrechen müsste, gibt es keinen Aufschrei. Kein Nicht-bei-uns. Kein Nie-wieder-in-Deutschland. Kein Niemals-ausgerechnet-hier, wo alles mit ähnlichen Ausschreitungen begann.

Nein, ganz im Gegenteil, der Krieg in Israel und Gaza muss auch in unserer Öffentlichkeit als Vorwand für einen alt-neuen Judenhass herhalten. Die Sympathie gilt dabei allemal den Palästinensern und erhält auch publizistisch Unterstützung: wenn etwa in den Abendnachrichten des ZDF das zivile Elend in Gaza gezeigt wird, von der Perfidie der Hamas aber, die Tunnel und Raketenbasen in Wohngebieten und Schulen versteckt, in diesem Beitrag mit keinem Wort die Rede ist. So generiert man Empörung, so werden auch deutsche Straßen zu Vorzeigeorten eines Opferwandels.

Wer aber tritt da als Ankläger auf? Es sind vor allem jugendliche Migranten und Leute mit dem entsprechenden Hintergrund.

Sie kapern unsere Städte und gerieren sich – stellvertretend für Palästina – als unter Juden Leidende. Plötzlich treten also ausgerechnet diejenigen als Judenfeinde auf, die von unserer neuen, aus den fürchterlichen Entgleisungen gegen die Juden in der Vergangenheit geborenen Willkommenskultur profitieren dürfen. Es sind Leute, die unsere Toleranz und unsere schöne demokratische Freiheit genießen, um als Dankeschön ihren Judenhass ausgerechnet in Deutschland spazieren zu führen. Da machen sich die Böcke zu Gärtnern. Und wir lassen es geschehen.

Natürlich kursieren auch in deutschen Wohnzimmern die entsprechenden Vorurteile. Endlich einmal, auch wenn die Wahrheit eine völlig andere ist, erscheinen Juden als Täter und andere Völker als Opfer. Das spült Verdrängtes hoch und hängt sich wonnevoll an den Nahost-Konflikt. Und rechtfertigt es nicht auch ein bisschen die verdammte, die ewig drückende Vergangenheit? Bleibt man vielleicht auch aus solchen Gründen daheim, obwohl man doch sonst so gerne wütend demonstriert – gegen Tiefbahnhöfe oder Genmais und was sich sonst noch so anbietet?

Doch das geht nicht. Das geht gar nicht. Es geht nicht, weil es den von Theodor Herzl vorgedachten Judenstaat, den heutigen Staat Israel, als Fluchtpunkt für die Juden, ohne die von Deutschen initiierte und organisierte Judenvernichtung, niemals gegeben hätte. Es geht nicht, weil dieser Staat mitsamt seinen Menschen, ginge es nach der Hamas, längst wieder von der Landkarte verschwunden wäre. Es geht nicht, weil Gut und Böse in dem auslösenden Nahost-Konflikt nicht so klar aufgeteilt sind, wie es manchen schlichten Gemütern hierzulande erscheint. Vor allem aber geht es nicht, weil die Absage an jeglichen Antisemitismus zu den heiligen Grundlagen unseres Gemeinwesens zählt. Für sie, nicht für die menschenverachtende Hamas, müssen wir kämpfen.

Der Traum vom Sozialismus ist längst ausgeträumt

Blackbox DDR. Das war eine journalistische Herausforderung. Da musste man hin, als die Mauer fiel. Und ich kann sagen: Ich bin dabei gewesen. Nicht nur während der ersten Tage, sondern auch in den Wochen und Monaten danach. Immer wieder und durch viele Gegenden auf dem Gebiet der noch zu gründenden neuen Bundesländer. Es war eine niederschmetternde Erfahrung. Ich erlebte ein System im Endstadium, grau, mit verpesteter Luft, verseuchtem Wasser und im Zustand des totalen Verfalls.

In den Straßen des Prenzlauer Bergs bröckelten die Fassaden, brachen die Balkone von den Häusern. In der Dresdner Neustadt sackten die oberen Etagen nach unten durch, hier und da rollte der Schutt aus den Haustüren auf den Gehsteig. Im Zentrum von Naumburg sahen die Gassen aus, als ob ein Bombenkrieg über sie hinweggetobt wäre. Nur die unteren Etagen hatten noch intakte Fenster und schienen bewohnt. Weiter oben blinkten zerbrochene Scheiben in der Abendsonne. Die Zeiss-Fabrik zu Jena glich einem verrosteten Schrotthaufen. Von der schönen Bäderarchitektur auf Usedom waren nur noch abgeblätterte Geisterfassaden übrig. Die Halle eines Kabelwerks in Mecklenburg zu betreten grenzte an Lebensgefahr. Werkzeuge, Maschinen, Bänder, Materialien lagen kreuz und quer durcheinander, ließen einen stolpern, straucheln und waren zu nichts mehr nütze. Ein Ingenieur klagte, die Betriebe bekämen schon länger keine Zulieferungen mehr. Selbst im feinen Grandhotel zu Berlin konnte man am Zustand der allgemeinen Knappheit nicht vorbeischauen. Die Plastik-Klobrille auf der Toilette wackelte gefährlich, die Armaturen der Wasserspülung hielten sich nur mit Mühe an der Wand, das Klopapier fühlte sich an wie Borke. Doch in dem Hotel auf Rügen, wo die Parteibonzen der SED abgestiegen waren, standen immerhin Kristallgläser im Schrank, auch war ein Lift zu besichtigen,

der die Mielkes und Honeckers einstmals zum Strand hinunter-
gefahren hatte.

Nein, man musste in der DDR nicht hungern. Aber der Tee
war wegen der schlechten Qualität des Wassers ungenießbar. Im
Dresdner Hotel Newa zählte die Bedienung beim Frühstück die
Brotscheiben ab. In den Schaufenstern lagen ein paar wurmsti-
chige Äpfel und Dosen mit eingemachtem Gemüse. Nirgendwo
eine Chance, im Vorbeigehen bei einem Metzger oder Bäcker ein
belegtes Brötchen zu ergattern. In der Portiersloge eines Ministe-
riums besetzten drei Männer einen einzigen Job und hatten nichts
zu tun. Was für eine trostlose Welt. Nicht ohne Grund haben sich
Millionen DDR-Bürger in den Westen abgesetzt. Eine mit To-
desdrohungen bewehrte Mauer musste gebaut werden, um die
Zurückgebliebenen von der Flucht abzuhalten. Denn in sozialistischen Systemen kann sich der Mensch nicht entfalten. Da kann
man nicht frei atmen, kann seine Möglichkeiten nicht ausschöp-
fen, seinen Unternehmergeist nicht entwickeln und damit auch die
Gesellschaft nicht zum Blühen bringen.

Aber weiß das noch jemand? Wer erinnert sich denn heute
noch an den schmählichen Untergang des realen Sozialismus in
unserem Land? Wer fürchtet sich vor Planwirtschaft und Mangel-
wirtschaft, vor dem bleiernen Leben mit bröckelnden Fassaden?
Wie kann man nach solchen Erfahrungen diese erzwungene Trostlosigkeit vergessen und nach Vergesellschaftung und Verstaatli-
chung rufen? Wo bleibt er, der Aufschrei der Empörung in der
Öffentlichkeit?

In Nordkorea und auf Kuba, zwei sozialistischen Staaten,
müssen die Menschen hungern, im sozialistischen Venezuela
fehlt es an allem, was zum Leben notwendig ist. Aber hier bei
uns steigt mit dem rechten Ungeist auch sein linker Bruder aus
dem Grab der Vergangenheit empor. Die Nachfolgepartei der
SED – die das DDR-Elend zu verantworten hatte – sitzt heute
im bundesdeutschen Parlament. Sie regiert in einigen Bundes-

ländern. In ihrem Programm für Europa warnt sie vor dem bösen Kapitalismus, der die Demokratie gefährde.

Nur Wolf Biermann hat den Abgeordneten dieser Partei im Bundestag die Leviten gelesen. Sonst dürfen sie sich ganz ehrbar geben, als eine Partei wie die Bonner Altparteien auch. Fast täglich können sich ihre Vorsitzenden in Nachrichtensendungen und Talkshows der Öffentlich-Rechtlichen als das soziale Gewissen der Nation präsentieren. Und dann natürlich das Juso-Küken Kevin Kühnert, der in so vielen Medien ernst genommen wird. Sie alle schielen nach dem Sozialismus, dem vermeintlichen Paradies auf Erden, und sehen darüber hinweg, dass die mentalen und ökonomischen Schädigungen durch das sozialistische System im deutschen Osten bis heute nachwirken – dreißig Jahre nach seinem Untergang und nach der Investition von Milliarden und Abermilliarden Mark und Euro.

Nun gibt es gewiss am Kapitalismus dieses und jenes zu kritisieren. Auch ist die Spanne zwischen den obszönen Managergehältern und dem Einkommen einer alleinerziehenden und teilzeitbeschäftigten Mutter von drei Kindern gewiss weit. Aber in der Bundesrepublik muss sich niemand einem Manchester-Kapitalismus ausgeliefert fühlen. Wir leben hier im Regelwerk der sozialen Marktwirtschaft, eines gebändigten Kapitalismus, einer gewaltigen Umverteilungsmaschine, wir leben in Freiheit und wahrlich nicht schlecht. Mehr Paradies ist hienieden nicht zu vergeben.

Tut nichts, der Andersdenkende wird verbrannt

Es muss etwas Ur-Menschliches sein, dieses Kopfabschneiden, Handabhacken, am Hals aufhängen, Foltern, Verbrennen, Erschießen, Vergiften, Hinrichten und in die Luft sprengen. Sonst käme es nicht so oft vor. Schon gar nicht in unseren angeblich aufgeklärten Zeiten, in denen die Nachrichten, auch die vom guten Auskommen der Menschen untereinander, sofort von einem Ende der Welt ans andere rasen können. Es wäre also durchaus möglich, auch im Irak oder im Nahen Osten daraus zu lernen, dass – etwa in der Schweiz – sehr verschiedene Leute mit sehr verschiedenen Gewohnheiten, Interessen und Sprachen diesseits und jenseits des Röschtigrabens seit vielen Jahren in einem Staat zusammenleben, ohne einander dauernd zu durchbohren, zu teeren, zu federn, zu vierteilen, zu rädern, aufzuspießen und auf Scheiterhaufen zu Tode zu quälen.

Aber dann fällt einem voll Schrecken ein, dass der ebenso fromme wie wirksame und – will man Max Weber glauben – für den Geist des Fleißes und das Wohlstandsbemühen der protestantischen Welt mitverantwortliche Herr Johannes Calvin genau dies getan hat. Gerade wegen seiner reformatorischen Frömmigkeit war er nicht nur ein begeisterter und grausamer Hexenverbrenner. Im Jahre des Herrn 1553 betrieb er auch die gnadenlose Hinrichtung des spanischen Arztes Michael Servetus auf dem Scheiterhaufen, der – unverzeihliches Verbrechen – in Glaubensdingen nicht ganz seiner Meinung war.

Das ist nun lange her, und es hat gedauert, bis es sich in Genf wie in ganz Europa und ebenso drüben über dem großen Teich herumgesprochen hat, dass es auch anders geht. Aber was zeigten uns die Iren mit ihren blutigen Glaubenskämpfen mitten im zwanzigsten Jahrhundert? Und welch unbegreiflichen Rückfall in einen Wahn von der reinen Lehre und der entsprechend rassisch reinen Gesellschaft leisteten sich die gebildeten und zivilisierten Deutschen, angeführt von Adolf Hitler, dem österreichischen Psychopathen?

Immer wieder, bis auf den heutigen Tag, ist in solchen Vorgängen das Muster von Bewegungen zu erkennen, die sich – ausgestattet mit simplen Glaubenssätzen – als Retter der Menschheit ausgeben. Da sie die letzte und einzige Wahrheit für sich reklamieren – egal ob von Gott, der Vorsehung oder einer angeblich, wie im Marxismus, wissenschaftlich erarbeiteten Entwicklung abgeleitet –, nehmen sie sich das Recht, alle, die ihnen nicht bedingungslos folgen, für des Teufels zu erklären: Tiere sind sie. Untermenschen. Ungläubige. Feinde des Fortschritts. Heiden. Ketzer. Was auch immer. »Tut nichts. Der Jude wird verbrannt.«

Just dort, in Jerusalem, wo Gotthold Ephraim Lessing in seinem »Nathan« den Patriarchen dieses berühmte Wort sprechen lässt, war der Verbrannte jetzt ein Palästinenser. Fast noch ein Kind. Ein paar Tage vor dieser Untat wurden drei jüdische Jugendliche umgebracht. Alle Morde begangen von Leuten, die sich im Besitz einer Wahrheit wähnen. Radikale. Doch wie fühlt man sich danach, wenn man diese jungen Leben ausgelöscht hat? Glaubt wirklich jeder, der sich am Verbrennen oder Vierteilen beteiligt, an die Begründung, sprich: an die Ideologie, die das rechtfertigt? Manche tun es ein Weilchen und werden später klug. Andere bleiben ewig daran hängen. Es scheint ja auch gute Gründe für jede Art von Terror in der Welt zu geben. Und das ist nicht nur der Kampf für den einzig wahren Gott, der ganz bestimmt dankbar ist für all die Scheußlichkeiten, die Gläubige in seinem Namen begehen, und der sie, sollten sie selbst bei einem Anschlag draufgehen, mit himmlischen Freuden belohnen wird. Und natürlich – so wird vor allem von links argumentiert – ist die soziale Ungleichheit in der Welt daran schuld, dass Menschen derart ausrasten.

Da mag etwas dran sein.

Und doch springt vor allem ins Auge, wie sinnlos die Terrortaten sind. Sie haben noch kein einziges soziales Problem gelöst.

Diesen Leuten fällt absolut nichts anderes ein, als zu morden, Autos und Gebäude in die Luft zu sprengen. Die Gewalt von Boko-Haram, Al Kaida, ISIS oder den Al-Shahab-Milizen genügt vor allem sich selbst, sieht man davon ab, dass der Sprengstoff nicht nur zerstört, sondern durch Angsterzeugung auch Macht usurpiert. Und immer gebiert sie einen Führer, einen Adolf Laden, einen Bin Hitler. In unserem Jahrhundert heißt er zum Beispiel Abu Bakr Al-Baghdadi, beherrscht Gebiete im Irak und nennt sich Kalif, lässt Leute ans Kreuz schlagen, lässt auch Moscheen und Kirchen einreißen. Was für ein Fortschritt!

Offenkundig ist es eine Männersache. Es sind Männer, die am Ende als Herrscher profitieren. Es sind auch Männer, die sich da austoben, junge Männer, die sich als Henkersknechte hergeben, wahrscheinlich ohne Arbeit, auch noch ohne Familien, testosterongeladen. Und allemal lassen mich die Berichte über die islamistischen Täter und ihre Taten an Tucholskys Wort von der Grausamkeit als der kleinen Schwester der Lust denken. Ja, es scheint diesem und jenem schlicht Spaß zu machen, anderen Menschen Schmerzen zuzufügen, sie an Bäumen aufzuhängen oder Hunderte von hilflosen Schülerinnen – wer denkt eigentlich noch an die armen Mädchen? – zu entführen, wenn man sonst nichts Besseres zu tun hat.

Manche Zeitgenossen, wie Margot Käßmann, glauben, man könnte die mörderischen Weltbeglücker mit gutem Zureden von ihrem Tun abbringen. Nach aller leidvollen Erfahrung hilft hier – wenn überhaupt – nur Gewalt gegen Gewalt. Und um die Geisteshaltung zu besiegen, die den Terror stützt, müsste sich der liebe Gott wahrscheinlich einen neuen Menschen einfallen lassen.

Erdogan – der türkische Patient

Recep Tayyip Erdogan ist krank. Er leidet an der Macht, was überwiegend Männern widerfährt, die sich zumeist aus kleinen Verhältnissen hinaufgestrampelt haben und nun in höchsten Ämtern sitzen, von zahllosen Würden umstrahlt, von tausend Liebedienern umschwärmt, ein Land regierend und ein bisschen auch die ganze Welt lenkend. So ist es, und so soll es bleiben. Von nun an bis in alle Ewigkeit. Doch wehe, welch Unrecht, da melden sich tatsächlich auch die anderen Strampler, die Stuhlbeinabsäger, die Verräter und Frondeure. Sogar leibhaftige Putschisten erheben ihr schändliches Haupt, wollen den Machthaber stürzen. Zur Hölle mit ihnen. Ins Gefängnis. Den Folterknechten überliefert. An die Wand. Herbei also, ihr Gläubigen, kämpft für euren Retter, diesen Wohltäter der Menschheit, demonstriert, denunziert! Denn er ist unersetzlich. Sogar den Allmächtigen hat er auf seiner Seite. Es ist der Gott, der Putsch-Geschenke macht. Sultan Tayyip, unser Flüchtlingsfreund, hält sich für einen Auserwählten. Er ist, Allah sei's geklagt, ein klassischer Fall. Der türkische Patient.

In erster Linie hat er Angst. Das ist das hervorstechendste Symptom. Und es muss eine schreckliche Angst sein, eine ganz tief sitzende Angst, eine Art Todesangst vor dem Nichts, aus dem er kommt, vor der Machtlosigkeit, in die er zurückzufallen droht. Sonst hätte er doch nicht schon vor dem Putsch tausendundeine Beleidigungsklage in die Welt gesetzt; sonst hätte er, der riesengroße Staatspräsident, sich nicht über den klitzekleinen Satiriker Jan Böhmermann erregt; sonst hätte er nicht Journalisten vor Gericht und ins Gefängnis gebracht. Er fühlt sich verfolgt, von allen und jedem. Der Putsch hat diese Paranoia erst recht voll aufblühen lassen. Deshalb schlägt er um sich, startet eine Art Staats-Amok gegen Richter, Polizisten, Abgeordnete, Lehrer, Wissenschaftler, die er zu Tausenden aus ihren Ämtern jagt oder verhaften lässt. Man fragt sich, wie dieser Staat noch funktionieren und von wem er künftig umgetrieben werden soll.

Da der Präsident überall Feinde wittert, auch dort, wo sie nicht sind, muss er eben auch überall »säubern«, wie einst Genosse Stalin, nicht nur in der putschbelasteten Armee. Schluss also mit der Gewaltenteilung, die ja erfunden wurde, um die Machtkrankheit im Zaum zu halten. Weg mit der Unabhängigkeit der Richter, Meinungsfreiheit ade, Grundrechte in die Tonne. Her mit der totalen Macht, aber, bitte sehr, nicht nur in der Türkei. Die reicht nach seiner Auffassung darüber hinaus, bis hin zur Bundesrepublik, wo er die türkisch-stämmigen Bürger offenbar nach wie vor seinem Herrschaftsbereich zuschlägt, wo er die verschiedenen Gruppen gegeneinander aufhetzen lässt, wo er zudem den Abgeordneten des Deutschen Bundestags die Armenien-Resolution verübelt, weshalb sie unsere Soldaten in Incirlik nicht besuchen durften. Und warum soll er sich eigentlich nicht auch mit der Weltmacht Amerika anlegen und die Herausgabe des ehemaligen Freundes und heutigen Todfeindes Gülen verlangen?

Kein Zweifel, da schimmern Allmachtsfantasien durch, da blitzt Größenwahn auf. Es handelt sich um die Kehrseite der Angst, ihr kompensatorisches Element, ein notorisches Symptom dessen, dem die Macht den Verstand raubt.

Armer Erdogan, es wird nicht gut ausgehen.

Es ist noch nie gut ausgegangen. Oft nicht für den Machtkranken, seltener noch für sein Volk, auch wenn ihm das vom Anfang bis zum bitteren Ende zujubelt. Gerade so, als ob dieser Tumult, dieses Fahnenschwenken die Demontage einer modernen und für die Zukunft gerüsteten Türkei außer Kraft setzen würde. Solange sein Machtgefüge hält, interessiert ihn der drohende Absturz des Landes offenkundig keinen Deut. Er ist ein Egomane, ein Narziss. So einem ist es schnuppe, wenn das Volk sei eigenes Unglück bejubelt. Da muss man gar nicht an Goebbels, den Sportpalast und den totalen Krieg denken. Wie wir seit dem Brexit-Beschluss wissen, sind nicht einmal die vernunftbegabten Engländer davor gefeit, sich in ein Desaster hineinzujubeln.

Nicht Fortschritt, sondern Regression ist angesagt, Rückbesinnung auf eine längst vergangene nationale Größe, auf eine vermeintliche nationale Autarkie – und das im Zeitalter der Globalisierung. Da wollen es die Völker und ihre Verführer nun mal heimisch und gemütlich haben. Recep Tayyip Erdogan bedient diesen Wunsch. Er gibt den Sultan in seinem Tausend-Zimmer-Palast. Ich frage mich nur, ob er sich um der Authentizität willen nicht auch einen Harem zulegen muss? In Polen spielt sich Jaroslaw Kaczynski als Klein-Erdogan auf und versucht, über seine PIS-Partei das Verfassungsgericht auszuhebeln; in Ungarn schränkt die Orban-Regierung die Meinungsfreiheit ein. Wir Deutschen, von den Folgen der allerschlimmsten Machtkrankheit geheilt, sind – zusammen mit anderen Europäern – ein Weltkind in der Mitten. Es wird viel Geisteskraft und Geld kosten, das auch zu bleiben.

Despotenvirus im Weißen Haus

Mir schlottern die Knie. Seit Donald Trump in den USA regiert, ist mir politisch so bange wie niemals zuvor in meinem erwachsenen Leben. Der schöne Traum, den wir in Deutschland nach den Jahrtausendsünden des Dritten Reiches träumen durften, scheint ausgeträumt. Zum ersten Mal seit dem Untergang des Hitler-Regimes bedroht ein einzelner Mann mitsamt einer dubiosen Gefolgschaft hemmungslos die Sicherheit nicht nur in Deutschland oder in Europa, sondern in der ganzen Welt.

Da sehen wir den Gewählten, der gleichwohl ein Usurpator ist, jeden Tag aufs Neue am Schreibtisch im Oval Office, wo er seine Unterschrift mit Aplomb ein um das andere Mal unter Dekrete setzt und den Schriftzug anschließend wie eine Monstranz in die Kameras hält, die diese heilige Großtat rund um den Globus verbreiten sollen. Ein rächender Gott, der den armen Amerikanern wieder zu Bedeutung zu verhelfen verspricht und sich deshalb mit allen anlegt, mit Mexiko, mit Europa, mit dem Iran, mit den Chinesen, mit den Moslems oder uns Deutschen. Die Nato hält er für obsolet, den Umweltschutz verachtet er, dem Freihandel will er ein Ende setzen. Im Innern schmäht er die Justiz, weil sie die unbeschränkte Macht einzäunt, die er beansprucht. Einen Bundesrichter, dessen Urteil ihm nicht gefällt, denunziert er als lächerlich. Die Medien beschimpft er, weil deren Berichte und Analysen ihn entlarven, ihn, den doch von Volkes Gnaden Allmächtigen, der folglich auch gegen die Verfassung der Vereinigten Staaten alles tun darf, was er tun will. Und zwar sofort.

Mir fällt da gleich der gute alte Niccolo Macchiavelli ein, der sich mit solchen Typen auskannte und der in »Il Principe« beschrieb, was nicht nur für das mittelalterliche Italien galt, sondern offenbar zeitlos wahr ist: »Wer es unternimmt, die Macht im Staate an sich zu reißen, muss sich eilen und alle Grausamkeiten in einem Zuge tun, damit er nicht gezwungen sei, alle Tage neu damit anzufangen.« Das hat Trump sicher nicht nachgelesen, wenn er überhaupt außer Börsenkursen je etwas gelesen hat, aber er hat es wohl im Blut, dieses Stakkato, das ihn heraushebt und ihn an diesem Ort machtvoller und entschlossener zeigen soll als alle seine Vorgänger. Zwar hat der Ort der Tat zu Clintons Zeiten auch anderes Seltsame gesehen, was nicht gerade dem Anspruch des hohen Amtes entsprach. Damals ging es, vergleichsweise harmlos, um sexuelle Lust. Jetzt aber geht es um den Bestand einer über Jahrhunderte funktionierenden Demokratie, es geht um den Hort der politischen Kultur in der westlichen Welt, um das Hauptquartier der Freiheit. Das schmerzt.

Es schmerzt nicht nur, weil von Trump und seinen rechtsradikalen Spießgesellen mehr als nur politische oder ökonomische Gefahren ausgehen; weil dort also Leute am Werk sind, die mit Krieg und Gewalt kein Problem und zu allem Unglück auch noch den Finger am Atomknopf haben. Der Trumpismus schmerzt zudem, weil wir den Amerikanern zu Dank verpflichtet sind.

Dass ausgerechnet diejenigen, die uns von den Nazis befreit, mit Demokratie und Freiheit vertraut gemacht haben, nun selbst vom Virus einer Tyrannei bedroht sind – das greift ans Herz. Und es will einem auch kaum in den Kopf.

Dabei ist eine solche Entwicklung ja nicht ganz aus der Welt. Der McCarthyismus In den Fünfzigerjahren des letzten Jahrhunderts wurde von Thomas Mann als so bedrohlich und faschistisch empfunden, dass der Dichter auch aus diesem Grund das Land und das geliebte Haus in Pacific Palisades verließ und nach Europa zurückkehrte. Schaut man noch einmal rund hundert Jahre weiter zurück, so finden sich schon in Alexis de Tocquevilles, des großen politischen Philosophen Schrift über »Die Demokratie in Amerika« Hinweise auf mögliche despotische Entwicklungen. Inzwischen können wir jedoch sagen: Für welche Demokratie gilt das nicht?

Das muss uns doch alles sehr bekannt vorkommen, und es geschieht ja auch immer nach ein und demselben Muster.

Am Anfang steht das Aufwiegeln der Massen, gerne mit dem, was man heute fake news nennt, die ständig wiederholt werden, was schon Adolf Hitler in »Mein Kampf« als unerlässlich empfahl. Sündenböcke für diese Übung sind allzeit zur Stelle, gleichgültig, ob es die Juden, das alte System, die Moslems oder die Schändlichen aus dem sogenannten Establishment sind.

Auf der anderen Seite stehen angeblich Bedrohte oder Benachteiligte, die der Rettung durch den Wundermann bedürfen, die ihn feiern und seine Taten legitimieren.

Schließlich will man doch wieder ganz amerikanisch, ganz deutsch, ganz französisch, ganz polnisch, ganz ungarisch oder sonst was sein. Koste es, was es wolle.

Ist die Machtposition für die Unruhestifter erreicht, so geht es – wie in Polen – schnell der Justiz und – wie in Ungarn – der Presse an den Kragen. Danach heißt es das Parlament entmachten. In Ankara nahm man sich Weimar zum Vorbild und entmachtete sich himmelhoch jauchzend gleich selbst. Und schon ist die politische Welt für den oder die Mächtigen nichts anderes mehr als ihr Wille und ihre Vorstellung. Sieg heil. Dahin die Errungenschaften der Aufklärung: die Gewaltenteilung, der Rechtsstaat, die Meinungsfreiheit, die Menschenrechte.

Dahin auch der Friede.

Mir schlottern die Knie.

Großes Theater, großes Kino, große Bücher

Das waren Zeiten, damals in den finsteren Mauerjahren, als die Spione noch aus der Kälte kamen. Einen gefährlicheren Nachkriegsjob konnte man sich gar nicht vorstellen. Der Super-Bond musste ja nicht nur hin und wieder das Ohr an diverse Telefone halten, sondern höchstpersönlich ins Feindesland traben, dort jemand sein, der er nicht war, oder allenfalls zur Hälfte, wie Günter Guillaume, dem Willy Brandt und die DDR gleichermaßen am Herzen lagen. Manch einer hielt das nicht durch, landete im Gefängnis oder wie die Rosenbergs auf dem elektrischen Stuhl. Die Glücklicheren durften sich auf der Glienicker Brücke zu Potsdam gegen Glückliche von der anderen Seite austauschen lassen. Der Mond schien helle auf dunkle Trenchcoats, die obligaten Schlapphüte warfen kuriose Schatten. Stiefel knallten auf dem Asphalt. Gebt mir unseren, hier habt ihr euren. Großes Theater, großes Kino, große Bücher.

Es war die reine Lust. Sofern es einen nicht selbst betraf. Und nun ist das alles zwar nicht mehr so bildhaft einzufangen. Weshalb uns die Kollegen vom Fernsehen nur Kabelsalat und Lichtergeblinkel zeigen – und das auch noch jeden Abend mit immer denselben Bildern, es ist zum Heulen –, wenn der reizende Herr Snowden mal wieder eine Schublade öffnet. Auch in den Filmen zum Thema sieht man nur Computer flimmern und keinen Richard Burton an der Mauer sterbend dahinsinken. Das Schriftliche verliert sich im Algorithmischen. Auf Erden findet fast nichts Sichtbares statt. Alles hängt in einer Cloud. Wer will sich davon amüsieren lassen? Aber ausgestorben ist das Metier natürlich nicht. Ganz im Gegenteil. Und es hat ja auch seine sinnvollen Seiten.

Fangen wir mal beim Damals an, bei den guten alten Glienicker-Brücken-Zeiten. Schon während des Kalten Krieges, hinter dem ja immer ein heißer Dritter Weltkrieg drohte, ging mir gelegentlich der ketzerische Gedanke durch den Kopf, wie gut es doch sei, dass alle betroffenen Regierungen alles voneinander wissen konnten. Jeder vermochte den anderen richtig einzuschätzen. Davon ging ich aus, wenn wieder einmal ein englischer Atomforscher aufflog oder der rätselhafte erste Präsident des deutschen Verfassungsschutzes, Otto John, in die DDR entschwand. Keiner musste aus lauter Angst vor dem atomaren Erstschlag des übermächtigen Gegners ganz schnell und für alle tödlich vorbeugend auf das rote Knöpfchen drücken. Wer wirkungsvoll und wahrheitsträchtig spionierte, erfuhr, dass man hüben und drüben des Eisernen Vorhangs auf Zehenspitzen ging, dass die angeblich so eroberungswilden Russen ziemlich pleite waren, dass man sie deshalb, ohne Krieg zu führen, mit dem Nato-Doppelbeschluss in die Knie zwingen konnte. Gelobt sei also die Spionage. Sie wirkte – und wirkt – vernunftbefördernd und deeskalierend. Zumindest dort, wo Vernunft möglich ist und nicht gerade irgendein Wahn herrscht.

Politische Spionage – die ökonomische lassen wir hier außen vor, da müsste man ganze Bibliotheken vollschreiben! –, also die Spionage von Regierung zu Regierung, von Land zu Land, ist ein Mittel der Prophylaxe. Man will erfahren, ob der andere Böses im Schilde führt, ob er wirklich so freundschaftlich gesinnt ist, wie er vorgibt, oder uns in anstehenden Verhandlungen hinters Licht führen will; man muss auch wissen, und da denke ich gerade heftig an die Erdogan-Türkei, ob sich auf dem Territorium des Bebachteten Fanatiker, Drogendealer, Radikalinskis, Schleuser, Terroristen, Dschihadisten, Islamisten oder sonstige Isten herumtreiben, ob sie dort durchreisen oder dableiben, ob sie etwas aushecken, das über die Grenzen springt und am Ende auch bei uns Menschenleben kostet.

Das gilt es zu verhindern. Und schon sind wir bei denen, die solche Untaten begehen oder ermöglichen könnten, legen also die Spionage von Regierung zu Regierung kurz beiseite und widmen uns dem Belauschen der Bürger. Die Amis haben das mit uns gemacht, nicht zuletzt, weil der tausendfach todbringende Turmfalke Mohammed Atta aus Hamburg gekommen war. Aber abgesehen von Hans-Christian Ströbele und der Schriftstellerin Juli Zeh verfielen nicht viele Leute in ähnlich sterile Aufgeregtheit über den Lausch-Rausch der NSA. Warum nicht? Weil Amerika weit weg ist, weil der amerikanische Staat auf deutsche Bürger keinen exekutiven Durchgriff hat, weil man ziemlich sicher ist, dass sich die US-Schnüffler bei Gott nicht für irgendwelche deutschen Spießer, auch nicht für Frau Zeh und noch weniger für den in all seinen Facetten sattsam bekannten Herrn Ströbele interessieren, weil es durch Missverständnisse allenfalls auf Reisen Ärger geben kann und vor allem: weil wir in einem Rechtsstaat leben.

Das war zu Zeiten der Stasi und der Gestapo völlig anders. Dazumal hat ein Unrechtsstaat die Inlandsschnüffelei benutzt, um die eigenen Bürger zu piesacken, zu erpressen, zu terrorisieren, im schlimmsten und leider sehr häufigen Fall auch einzusperren und umzubringen. Das ist dann der Ernstfall. Wir aber dürfen lachen, homerisch bitte sehr, dass nun nicht nur die Amis wissen, was unsere Angela ihrem Liebsten spätabends auf den Anrufbeantworter haucht, sondern dass auch unsere BND-Horcher erfahren, was US-Außenminister wie Clinton oder Kerry ihrem Handy anvertrauen. Und sage niemand, an solche parallelen Fähigkeiten und Möglichkeiten hätte man nicht längst gedacht!

Wo das Ewige die Szene beherrscht

Ich war im Land des Unglücks und der Unfähigkeit. Ich war im Land der Sünde wider die europäischen Verträge. Ich war im Land der Merkel-Hasser. Ich war in Griechenland.

Aber sah ich dort Menschen in Lumpen und vor zerfallendem Gemäuer? Begegnete ich Bettlern, die sich verzweifelnd an mein T-Shirt klammerten? Brach irgendwo die öffentliche Ordnung zusammen, weil die Regierung die Beamtenschaft verkleinert hat und die verbliebenen Staatsdiener nicht mehr ausreichend bezahlt werden? Wurde ich beschimpft, bespuckt, getreten, weil ich aus Deutschland kam, wo unsere Angie herrscht, die gestrenge Geschlechtsgenossin, die den widerspenstigen Griechen regelmäßig auf die Zehen tritt?

Nichts von alledem. Weder erlebte ich das Unglück der einfachen Leute, noch behinderte mich eine beamtete Unfähigkeit. Sonnig lächelnd beglückte mich europäisches Lebensgefühl wie überall im Süden, und niemand zeigte mit Fingern auf die deutschen Gäste, buhte sie aus, verweigerte gar eine Mahlzeit oder den Ouzo. Wanderer, kommst du ins Land der Griechen, du wirst es, nach allem, was man an Schreckensmeldungen so hört und liest, unglaublich unverändert und heiter finden – zumindest entlang der westlichen Küsten, im Sommer des Herrn anno 2012.

Zum Beispiel auf Paxos. Weit offener Hafen. Kleine und große Luxusyachten – ja, die sind auch immer noch da –, Cafés, Bistros, Restaurants aller Klassen in den Gassen mit ihren überquellenden Bougainvilleasträuchern. Überall Leute und noch mehr Leute. Es ist nicht einfach, einen Platz zu finden, und es gibt alles, was das Urlauberherz in der Hitze begehrt, den Campari mit Soda ebenso wie die duftigsten Damenklamotten.

Ich wollte mir Shorts kaufen und durchforstete nacheinander mehrere Läden, bevor ich fündig wurde. In keinem der Geschäfte gaben sich die Verkäuferinnen große Mühe, mir ihre Ware anzudrehen. Jedes Mal musste ich warten, bis überhaupt jemand aus den hinteren Gemächern erschien, um mich zu bedienen.

Was aber bewies das desinteressierte Verhalten? Hatte ich es mit griechischer Nachlässigkeit zu tun, also mit einer der Ursachen der Krise? Oder laufen die Geschäfte so gut, dass man sich nicht anstrengen muss? Die Götter, die großen, mögen es wissen.

Ob deren segnender Blick auch auf Ithaka ruht, erscheint mir nicht ganz gewiss. Auch hier zwar kein Elend, aber entschieden weniger Tourismus. Ein eher öder Ort. Eine erst kürzlich errichtete Odysseus-Statue steht verloren am Hafen. Aber abends, als wir von unserem Boot zu den Bergen der Insel hinüberschauen, drängt sich plötzlich der Mond zwischen die Gipfel, erhellt die stille Bucht und das verlassene Ufer. Da machen sich die Krisengedanken aus dem Staub, da beherrscht das Ewige, das Beständige, das Unzerstörbare die Szene. Ja, so muss es gewesen sein, damals, als der König schließlich heimkehrte, als er tief durchatmete und diesen Zauber in sich aufnahm, ihn in Kraft umwandelte und die frechen Freier in seinem Haus besiegte. Und so ergreifend schön, wie es war, so wird es bleiben, was immer mit dem Land der Griechen noch geschieht.

Doch in Koroni, auf dem Peloponnes, hat einen die ganz gegenwärtige Welt wieder. Gewaltiger und billiger Rummel am Hafen. Buden. Eisdielen. Gestank. Gewühle. Abseits jedoch, im voll besetzten Restaurant, unter dichten Laubbäumen, umfächelt von einer leichten Brise, verwöhnt vom ebenso wohlbeleibten wie freundlichen Wirt, kehrt Urlaubsruhe ein. Und da kommen auch alle Köstlichkeiten des Landes auf den Tisch – der knackfrische Salat mit Feta, Octopus in Olivenöl und Zitrone, die gebackene Seezunge und der gut temperierte Wein. Kein böses Wort, kein Affront, keine Andeutung, nicht einmal eine Frage. Auch hier bleibt die Krise, sofern sie es bis zu diesem Ort tatsächlich schon geschafft hat, unsichtbar oder bewusst ausgeblendet.

Aber auf Kythira, südöstlich des Peleponnes, von wo aus wir nach Hause fliegen, da müssen wir eine lange Stunde über Land fahren und da werden wir doch endlich die Zeichen der aufbrechenden Katastrophe sehen. Denn hier stieg nicht nur Aphrodite aus dem Schaum des Meeres, von hier aus zogen einstmals auch viele Bewohner ins ferne Australien, weil die Gegend so schrecklich karg und arm war. Unser Taxifahrer befördert uns jedoch über eine Blumen- und Wohlstandsroute, dass uns die Augen übergehen. Vor jedem weiß getünchten Haus steht mindestens ein Auto. Und der Flughafen, den wir als öde Piste mit einer Kate zur Abfertigung erwarten, ist ein schmucker Bau mit pünktlichst auftauchendem Personal, exakten Ritualen und einem auf die Minute planmäßigen Abflug. In Athen dann, wo wir umsteigen und wo man früher eine Art Turnhalle betrat, empfängt uns der von Olympia gebliebene Weltflughafen. Ja, er lebt. Und wie! Im eleganten Restaurant dort schließlich Moussaka und edler Wein zum Abschied. Noch eine Insel also, die sich in den Strudeln des drohenden Untergangs zu behaupten versteht. Ach, liebe Göttergemeinde droben auf dem Olymp, verleiht euren Hellenen die Kraft, das verbliebene inselhafte Glück für das ganze Land zurückzugewinnen. Es gehört nun mal zu Europa. Fahr hin und sieh!

ALLTAG

Das Schweigen der Männer

Jeden Abend, den der Fußballgott gibt, liege ich auf den Knien und bitte um Erleuchtung und Ergriffenheit, um Erregung und Verzückung. Nach Jahren des eifrigsten und vergeblichen Bemühens will ich jetzt endlich verstehen, was ein Abseits ist, will mich auch höchstpersönlich erhoben fühlen, wenn der hübsche Jogi das alles so gut einfädelt und seine Mannschaft so genial kickt. Es will mir nicht gelingen. Ich wollt, ich wär ein Mann.

Denn Fußball ist nach wie vor Männersache, auch wenn die Frauen ein bisschen mehr mitmischen als in früheren Jahren – beim Spielen wie beim Schauen. Es ist aber doch ein Männerspiel, in dem Männer ihr tiefstes Wesen stets aufs neue wiedererkennen und wiedererleben – das Kindliche darin ebenso wie das Kämpferische, die Eigenliebe wie das Homoerotische. Das ist einfach nicht zu übersehen.

Ah, diese Siegesgesten, dieses Gladiatorengehabe, dieser Lauf durch die Arena, die Arme erhoben, schreiend, strahlend, triefend. Ah, dieses Bespringen eines Torschützen, alle drauf, noch einer und noch einer und noch einer. Wenn das mal kein Gruppenorgasmus ist! Ah, dieses Austauschen verschwitzter Hemden, dieses kameradschaftliche Beklatschen und Begrapschen. Ich Mann, du auch Mann. Wir stark, wir Sieger. Da sind sie in ihrem Element.

Und dann die Leichenreden, nachdem alles gelaufen ist, mit den immer gleichen Fragen und immer gleichen Antworten, dargeboten von den immer gleichen Personen mit so intelligenten Einlagen wie »back to the Wurzeln«, ha, ha, aus dem Wissensschatz des Insider-Kommentators Scholl. Und weiter: Wie hat sich Lahm gefühlt, als ihm der Ball plötzlich verlockend vor dem Fuß lag, wie waren Schweini und Podolski drauf, als die Kanzlerin auf der Tribüne strahlte, wie heftig schlug das Herz von Mario Gomez, als er unverhofft das Genie in sich entdecken durfte? Und wie – alleroriginellste Journalistenfrage – ist denn die Stimmung in Berlin, wie in Warschau, wie in Kiew, wie auf Usedom? Vor allem dort, wo die Alibi-Fußball-Frau des Deutschen Fernsehens, Katrin Müller-Hohenstein, für das ZDF vor schütterem Publikum im Wasser stehen darf. Kein Mensch weiß, warum. Immerhin ist sie ausreichend herb und ein bisschen androgyn, wie's dem Metier gebührt. Und die Stimmung? Die strengt sich mächtig an, die obligate Heiterkeit vorzuführen. Ja, was ist das alles doch für ein Glück ob der hochverdienten deutschen Leistung. Hurra!

Uns aber, weiblich und fußballfern, bleibt zu den Strapazen des heißen Bemühens um das Verstehen und das richtige Genießen noch das Schweigen der Männer. Frage, was immer du willst, ob das Haus verkauft werden soll, ob ein Hund her muss, ob wir zur Abwechslung mal gebratene Ameisen essen oder das nächste Weihnachtsfest am Äquator feiern wollen: Es kommt keine Antwort. Die Ohren des Mannes vor der Glotze haben sich in Fußballohren verwandelt, der Mund spricht Fußball, sofern er überhaupt spricht, der Kopf hat Fußballform angenommen, der Fuß zuckt, als ob er von seinem Opa-Sessel aus mitspielen dürfte, der ganze Kerl ist nur noch Fußball – und sonst gar nichts.

Das hat etwas von Wahnsinn. Aber wenn es tatsächlich Wahnsinn ist, dann doch einer von der netten, der tröstenden Sorte. Denn drum herum und draußen vor der Tür tobt gleichzeitig der ganz normale schreckliche Alltagswahnsinn: eine demokratische Präsidentenwahl in Ägypten zum Beispiel, von der die undemokratischen Islamisten profitieren. In Israel, wo es sehr viele sehr vernünftige und kompromissbereite Menschen gibt, blockiert doch die Siedlungspolitik alle Lösungen, weil ein paar Leute gerne glauben, dass ihnen die Bibel vor Tausenden von Jahren ein Stück Land versprochen hat, das heute anderen gehört. Wenn das nicht verrückt ist! Ganz unbegreiflich auch die katholischen Kirchenherren, in deren Reihen man sich doch tatsächlich über die wahrhaft existenzielle Frage streitet, ob wiederverheiratete Geschiedene die Kommunion empfangen dürfen. Leben die wirklich im 21. Jahrhundert? Und schließlich unsere Freunde der vermeintlich direkten und also wahren Demokratie, die vor lauter Freude über die stolpernde Bürgerdialogerei in ihrem geliebten Untergeschoss gar nicht bemerken, dass unser europäisches Haus, in dem die Minister und Mandarine verschwenderisch herrschen, keine tragfähigen demokratischen Balken hat.

Wahnsinn, wo man hinschaut. Da lob ich mir dann doch den Fußball als etwas vergleichsweise Klares, Überschaubares, auf Fairness und gesunden Menschenverstand Gebautes. Sinnvolle Regeln, prächtige Mannsbilder in bunten Gewändern. Bewundernswert ausdauernd laufen sie jeweils anderthalb Stunden hin und her und her und hin. Bisweilen brillieren sie sogar mit geradezu artistischer Ballkunst. Die gelegentlichen gewalttätigen Ausraster, mal auf dem Platz, öfter draußen, sind Peanuts im Vergleich zu dem, was Menschen sich in aller Welt tagtäglich antun. So gesehen bin ich jetzt womöglich doch auf dem Wege zum Fan. Immer vorausgesetzt, dass mir irgendwer irgendwann einmal die Geheimnisse des Abseits überzeugend erklärt.

Ärzte angreifen, Polizisten schlagen, Plätze vermüllen

An einem dieser trüben Wintertage, beim Stöbern in alten Papieren, fiel mir wieder einmal ein vertrautes Foto in die Hand. Darauf sieht man meinen Vater zur Sommerzeit in einem hochgeklappten Liegestuhl sitzen. Um ihn herum sprießt das Gras. Ein paar Rosen sind aufgeblüht. Und er, in seinem feschen Glencheck-Anzug, mit weißem Hemd, Krawatte und Einstecktüchlein, könnte Gast auf einer vornehmen Party sein. Doch wie ich aus seinen Erzählungen weiß, hält die Aufnahme nur einen ganz alltäglichen Verwandtenbesuch fest. So fesch und elegant gekleidet ging man damals, am Anfang der Dreißigerjahre, aus dem Haus. Das war Standard. Sogar die Mafiosi trugen Hüte, während sie ihre Rivalen abknallten.

Würde sich ein junger Mann heute im Garten seiner Tante in einen Liegestuhl setzen, er trüge Jeans, darüber ein schlabbriges Sweatshirt oder einen Pullover mit darunter hervorhängendem, zerknittertem Hemd. Über die nackten Füße hätte er sich Turnschuhe gestreift, wie weiland Joschka der Große bei seiner ersten Vereidigung als Minister im hessischen Landtag. Derart leger ausstaffiert könnte er sich nicht nur unter Verwandten, sondern auch beim Einkaufen, bei der Arbeit und sogar in der Oper bewegen.

Einige männliche Exemplare dieser lässigen Spezies sah ich just dort zu Silvester. Erhobenen Hauptes durchkreuzten sie in der Pause die Pulks des glitzernden Durchschnittsvolks. Seht her, ihr Spießer, wir sind das moderne Leben, wir haben die Zukunft in der Tasche; Sitten und Gebräuche sind uns schnuppe. Wir pfeifen auf die bürgerliche Norm. Wir sind wir. Wir haben recht. Wir sind die Guten, nein, mehr, wir sind die Besseren.

Das mag ja sein, in dieser oder jener Hinsicht. Doch während mein Krawattenvater auf dem Foto im Tanten-Garten für eine Epoche Parade sitzt, die es mit Ordnung, Disziplin und Regeln tödlich ernst nahm, erzählt der modische Schlamperlook unserer

Zeit ebenfalls eine keineswegs harmlose Geschichte. Er ist ein Zeichen der verbreiteten Beliebigkeit, des Alles-ist-möglich, des Jeder-kann-machen-was-er-will. Hieß es damals Du bist nichts, dein Volk ist alles, so sieht man heute, wie sich jeder Hinz und jeder Kunz alles erlaubt, der Staat hingegen, seine Organe und die Gemeinschaft der Verachtung preisgegeben sind. Nach dieser Lebensart darf sich jeder Mensch ausleben, austoben, andere nach Trump'scher Manier herabsetzen und die Ressourcen der Gesellschaft nach Strich und Faden ausbeuten.

Nichts anderes geschieht, wenn solche Übersteigerten ausgerechnet an Hilfskräften, Lebensrettern, Sanitätern, Ärzten und Beamten ihr Mütchen kühlen, obwohl sie die Leistungen dieses Personals in Anspruch nehmen wollen. So viel Dummheit, Chuzpe und Selbstüberschätzung kann man sich doch gar nicht ausdenken! Was ist auch von Leuten zu halten, welche Polizisten – die doch zum Schutz der Bürger arbeiten – als Bullen schmähen. Und was sind das für Rowdies und Radikalinskis, die unsere Sicherheitskräfte mit Feuerwerkskörpern attackieren und krankenhausreif prügeln?

Wo ist der Staat, der Auswüchse dieser Art unmöglich macht? Wo bleibt die Entschlusskraft der Kommunen, die dem Müllskandal ein Ende bereitet? Unsäglich, wie sich an vielen Ecken und Enden unserer Städte der Unrat auf den Gehsteigen ausbreitet, obwohl öffentliche Abfalleimer an der nächsten Ecke aufgehängt sind. Geradezu unvorstellbar auch, was Massenveranstaltungen hinterlassen, wie jedes Jahr an Silvester. Da sieht man tonnenweise Reste der Knallkörper, Pappbecher, Bierflaschen, Curry-Wurst-Schalen, Plastikbesteck, Tempotaschentücher und Ekelhafteres. Das lässt man einfach so fallen. Es deckt Gassen und Plätze ab und könnte durchaus in einem mitgebrachten Beutel selbst entsorgt werden. Aber nein, am nächsten Tag kommen ja die Müllmänner und beseitigen den Auswurf einer gedanken- und verantwortungslosen Amüsiergesellschaft. Geht doch. Man muss schließlich feiern. Sonst kommt die Work-Life-Balance aus dem Gleichgewicht. Nach uns die Sintflut.

Nur, wie kann das alles sein? Ausgerechnet unter uns pingeligen Deutschen? Ist der überbordende höchst private, sich zu Massen ballende, rücksichtslose Individualismus die Antwort auf den totalitären Überwachungsstaat vor mehr als siebzig Jahren? Haben die Eingeborenen von den Zuwanderern aus weniger zivilisierten Weltgegenden gelernt? Wollen viele Deutsche nicht mehr so sauberkeitsfanatisch sein, wie man es uns nachsagt? Aber womöglich liegt es einfach an den modernen Zeiten, in denen seit Jahrzehnten Wohlstand und Übersättigung herrschen, in denen auch ein fortdauerndes, drängendes Habenmüssen, Konsumieren und wieder Ausscheiden die Räder am Laufen hält. Und das alles auf der Grundlage einer Freiheit, die so selbstverständlich erscheint, dass man sie nicht mehr zu schätzen weiß.

So geht schließlich jedes Maß verloren, so kann man sich alles erlauben, so tritt man seinem Arzt in den Hintern, schlägt Polizisten oder wildfremden Passanten aufs Haupt, saut Straßen und Plätze ein. Diese Gesellschaft ist krank. Partielle Verwahrlosung heißt das Leiden.

Was gehen den Bock die Lämmer an

Ferienzeit, Kinderzeit, glückliche Zeit. Das gilt vor allem, wenn Mama die eigene Mama ist und Papa auch der eigene Papa. Dann hinein ins Auto, ins Flugzeug oder auch aufs Fahrrad, auf jeden Fall hinweg von der ollen Schule, den öden Hausaufgaben, den Zwängen des Alltagslebens und hinein ins volle Menschenleben: Baden, Schwimmen, Spielen, Lesen, Wandern, Nichtstun. So soll es sein.

So ist es aber häufig nicht, weil Mama nicht die eigene Mama ist und Papa nicht der eigene Erzeuger, oder auch, weil einem die Geschwister aufgezwungen und nicht im ursprünglichen Elternhaus mit aufgewachsen sind. Patchworkfamilie nennt man das, und es ist sehr beliebt, wird gar nicht in Frage gestellt, sogar gelobt oder gar als neuzeitliches Elysium gepriesen. Man kann schließlich nicht mit einem Partner ein ganzes Leben lang glücklich sein. Klar! Undenkbar! Eine Zumutung! Also heißt es, sich immer mal wieder etwas Neues anlachen, Kinder hier und da in die Welt setzen, sie mit anderen Teilzeitfamilien zusammenwürfeln oder auch im Haushalt der Frau – meistens trifft es die Frau – alleine lassen. Es ist ein Elend. Aber modern ist es eben auch.

Abwechslung muss nun mal sein. Auch wenn mancher oder manche im zweiten und dritten Partneranlauf immer wieder denselben Typus Mann oder Frau umgarnt. Die Promis leben das ja vor, und die Illustrierten sind voll von diesem und jenem Partnerwechsel unter Filmstars, Sportstars und Politikstars. Heissa juchhei, was für ein abwechslungsreiches Leben. Darauf hat der moderne Mensch schließlich Anspruch. Selbstverständlich! Die lebenslange Alt-Ehe ist doch so was von spießig. So was von langweilig. So was von vorgestern. Herzlichen Glückwunsch, Herr Lindner, Sie haben es rechtzeitig begriffen. Mal sehen, wie lange das Glück dieses Mal vorhält. Man ist eben heutzutage schnell frustriert und darf auch schnell wieder gebunden sein.

Gewünscht und gesucht werden allenthalben Partner als perfekte Glücklichmacher.

Aber leider, leider kommt diese Spezies ausgesprochen selten vor. Und so geschieht es eben, dass nicht alle trennungssüchtigen Erwachsenen den Himmel auf Erden erringen. Für den Nachwuchs aber ist die verbreitete Bäumchen-wechsel-dich-Begeisterung in sehr vielen Fällen eine Katastrophe. Keines der Hin-und-Her-Schiebemodelle taugt wirklich als Ersatz für ein Leben mit Vater, Mutter und Geschwistern. Ganz im Gegenteil: Diese künstlichen Arrangements sind oft grausam.

Da mag der Wochenend-Papa die allerschönsten Spielzeuge in einem geradezu himmlischen Spielzimmer für den Besuchssohn bereit halten; da mag das Kind nicht drei, sondern nur zwei Stunden alleine im Zug sitzen, bis es seinen Erzeuger einmal zwei Tage lang genießen darf; da mag Papas Neue noch so lieblich zu lächeln versuchen: Das Kind leidet, wie auch immer die Eltern sich die Situation schönzureden versuchen. Denn all diese Modelle sind Modelle des sich stetig wiederholenden Abschieds – mal von der Mama, mal vom Papa, in regelmäßigen oder unregelmäßigen Abständen, vor und nach den Ferien. Sie sind kinderfeindlich, reißen die Kleinen und auch die Größeren aus ihrem gewohnten Alltag, rauben ihnen Zeit für Ruhe und Besinnung. Sie sind Opfer auf dem Altar einer vermeintlich unabdingbaren, oft auch ehrenkäsigen Rigorosität unter Partnern, ganz abgesehen davon, dass die Eltern am Ende selbst leiden – auf welche Weise auch immer.

Doch der Zeitgeist verlangt es den Leuten ab. Er findet es wunderbar, dass der Mensch so vielseitig ist und sein Leben so abwechslungsreich gestalten kann. Der Zeitgeist ist ein Egoist, geprägt von genusssüchtigen Erwachsenen. Ob sie dabei glücklich werden, ist eine ganz andere Frage. Bisweilen dauert es ein Weilchen, bis sich die klare Sicht wieder einstellt und die neu verbandelten Eltern womöglich feststellen, dass ihr taufrisches

Glück, dem man die Geborgenheit seiner Kinder geopfert hat, dem alten Unglück verdammt ähnlich sieht.

Seltsam nur, dass der erotische Egoismus, der diese Entwicklung befeuert, in der öffentlichen Diskussion so selbstverständlich hingenommen wird. Wie es den Kindern ergeht, scheint nicht von Belang zu sein. Geradeso, als sei es ein Menschenrecht, Nachwuchs in die Welt zu setzen und ihn dann in derart prekäre Verhältnisse zu drängen. Kollateralschäden bleiben nun mal nicht aus. Oft trifft es aber auch die Frauen, die zurückbleiben und alle Lasten tragen. Denn was gehen den Bock die Lämmer an?

Selbstverständlich gibt es in Ehen und Partnerschaften Unvereinbarkeiten, die nur durch eine Trennung befriedet werden können. Wenn überhaupt. Muss aber wirklich jede dritte Verbindung in die Brüche gehen, wie die Statistiken ausweisen?

Ob das nun mutwillig geschieht oder unausweichlich ist: Oft droht am Ende doch die Einsamkeit. Schließlich wird auch der allererotischste Jungspund irgendwann alt und tattrig. Wie schön, wenn so ein Philemon dann neben seiner Baucis in der Herbstsonne sitzen und mit den höchsteigenen Enkeln Kuchen essen kann.

Ohne Knochenarbeit an der Ehe freilich ist das nicht zu haben.

Vulven malen und Bagger blockieren

Beseligt schauen die beiden Blondinen in die Kameras und halten plakativ hoch, was sie in einem Workshop unter dem Titel »Vulven malen« aufs Papier geworfen haben. Das schillert in allen Farben, zu besichtigen in Gazetten ebenso wie im Internet. Wer noch mehr davon genießen will, wird vor allem online nicht enttäuscht und findet die kunterbuntesten Variationen des Themas – von der niedlichen Ausführung bis zu flächendeckenden Mustern. Und das alles in Szene gesetzt auf dem Evangelischen Kirchentag zu Dortmund im Jahre des Herrn 2019. Da bleibt einem doch die Spucke mitsamt der ganzen Libido weg.

Nun sind auch andere, wahre Künstler schon darauf gekommen, sich diesem Gegenstand malerisch zuzuwenden, obwohl es, weiß Gott, schönere Ansichten gibt: Gustave Courbet etwa, der sein Bild den »Ursprung der Welt« nannte, außerdem Egon Schiele und natürlich Picasso. War bei ihnen vor allem die männliche Lust mit im Spiel, so ging es auf dem Kirchentag darum, »sich kreativ mit der eigenen Körperlichkeit auseinanderzusetzen«. Auf dem Kirchentag? Ich wage mir gar nicht vorzustellen, was damit gemeint sein könnte. Nur so viel ist klar: Kirchentag und Vulven malen, das geht nur mit großer Mühe zusammen, da knirscht es gewaltig im Getriebe.

Allerdings läuft die Sache glatt, wenn man bedenkt, wie Öffentlichkeit heutzutage funktioniert. Lass dir etwas völlig Verrücktes einfallen, möglichst gegen die ganz gewöhnliche bürgerliche Moral, also Vulven malen oder Kinder als Belastung des Ökosystems denunzieren und, schwupp, bist du in allen Medien und aller Munde. Bist modern. Bist auf der Höhe der Zeit. Bist ganz in.

Etwas von der Art muss den Kirchenleuten durch den Kopf gegangen sein, als sie das Vulvenmalen in ihr Programm für Dortmund aufgenommen haben. Wahrscheinlich sind sie sich dabei sehr originell und fortschrittlich vorgekommen. Sie haben getan, was gerade bei allen Organisationen und Institutionen, die um ihren Fortbestand fürchten, angesagt ist: den Zeiterscheinungen hinterherlaufen, sich anbiedern, ranschmeißen, unterwerfen, dankbar aufschauen für die Gabe dieser guten Ideen, auf die man selbst angeblich nie gekommen wäre. Aber nun ist es Mode, und man ist mit fliegenden Fahnen dabei.

Huldigt einem Gutmenschenpopulismus. Hofft auf Gefolgschaft.

Da ist man nicht nur radikal-feministisch bis zum Vulvenmalen, da erscheint auch mancher als Überraschungsgast unter den Klimapolitikern. Wo Zehntausende protestierend in die Abraumhalden pilgern und die Bagger blockieren, will ein gewisser Markus Söder mit einem eigenen Bekenntnis dabei sein und fordert kühn, den Kohleausstieg um acht Jahre vorzuziehen. Das kann er gut propagieren, er muss ja nicht wie sein sächsischer Kollege Michael Kretschmer um den Verlust von Arbeitsplätzen bangen.

Oder Annegret Kramp-Karrenbauer, die zunächst umjubelte und später in schwere Wasser geratene CDU-Parteivorsitzende, die in der »Zeit« nachgerade atemlos den Klimaaktivisten hinterherhechelt und über eine ganze Seite hinweg viel Altbekanntes zwischen erprobte Politikerfloskeln wie »wir brauchen«, »wir müssen« und »wir können so nicht weiterleben« packt. Offenbar halten sie und ihre Berater das für eine treffende Antwort auf die Provokationen junger Leute im Fernsehen und den sozialen Medien, wo die Nation dem blau gefärbten Rezo zuschaute, wie er die Altparteien mit seinen Anschuldigungen vorführte. Nur leider entzauberte sich der Gefürchtete danach schnell selbst, als er in einem Interview mit Jan Böhmermann stotterte und keinen vernünftigen Satz über die Lippen brachte. Von einem derart unausgereiften Internet-Jungchen lassen sich unsere politischen Promis demütigen. Ach, wie erschrocken wirken diese Armen, wie hilflos. Es ist zum Weinen.

Immer wieder dürfen auch irgendwelche Greta Thunbergs unwidersprochen in allen möglichen bildgebenden Medien drohen, sie würden so lange protestieren, bis sich etwas ändert. Ja, ist denn noch gar nichts geschehen? Ist die Klimapolitik gerade erst erfunden worden? Ist Politik eine Sache des Knopfdrucks? Und weigern sich die bösen, bösen Inhaber der Macht, gleichgültig welcher Couleur, nur aus Daffke, diesen Knopf zu bedienen?

So viel Unkenntnis ist schon bemerkenswert. Und solch naiven Leuten läuft die Prominenz sogar bis hin zum Bundespräsidenten bewundernd hinterher. Doch ja, es ist gut, dass sich die jungen Menschen für Politik einsetzen. Gerade deshalb heißt es aber an dieser Stelle mal wieder, den guten alten Max Weber aus der Schublade zu holen und darauf hinzuweisen, dass Politik kein Zauberkunststück sein kann. Es bedeutet »ein starkes langsames Bohren von harten Brettern.«

Davon sollten diejenigen, die unsere kleine deutsche Welt bewegen, in der Öffentlichkeit reden, statt bei den Gesinnungsseligen Ergebenheitsadressen abzuliefern. Die Vulvenmalerei löst kein Frauenproblem. Sie ist bloß geschmacklos. Und nur über ausdauernde politische Arbeit und viel Verzicht können wir das Klima noch retten – wenn überhaupt. Da sind nicht die weichen Knie, da ist Rückgrat gefragt.

Nachweis über die Erscheinungstermine der Kolumnen in der Stuttgarter Zeitung

Leute

Boris Palmer – ein selten unabhängiger Kopf	17.11.2015
Der Besuch der alten Dame	23.08.2011
Wie man ein Denkmal vom Sockel stößt	13.11.2012
Kein Katastrophenbewusstsein	27.11.2018

Ärgernisse

Der Dirigent darf den Potentaten lieben	21.01.2014
Moses Mendelssohn – der halbierte Sokrates	14.05.2013
Von Lebenslügen und politischer Moral	19.03.2019
Geld gegen das Schicksal	04.10.2011

Wie Frauen leben

Grüß Gott, Herr Professorin	11.06.2013
Auf die Knie, ihr Kerle!	23.04.2019
Freiwillig in schrecklichsten Gefangenschaften	28.10.2014
Schuldig, schuldig, schuldig	07.11.2017
Kruzifix raus, Kopftuch rein	31.03.2015

Visionen und Wirklichkeiten

Es kann nicht jeder Mozart sein	17.10.2017
Steinmeier, Merkel und Co. im Abseits	13.03.2019
Wenn Dogmen die Köpfe vernebeln	10.04.2018
Kevin Kühnert – der heilige Sozialdemokratus	16.10.2018

Es war einmal

Im ersten Kreis der Hölle	06.11.2018
Vom großen Schmerz, einen Nazi-Vater gehabt zu haben	23.07.2013
Das Dorf auf dem Hügel	05.05.2015

Dem Faszinosum des absolut Bösen erlegen	10.06.2014
Ein Weihnachtsmärchen	19.12.2017
Und Helmut Kohl hatte doch recht	13.06.2017

Flüchtlinge und die Folgen

Vom Rassenwahn zur übergroßen Milde	25.08.2015
Hie Willkommenslust, drüben Fremdenfrust	15.12.2015
Der Burkini ist das Problem, er löst es nicht	17.09.2013
Schon wieder ein Marsch durch die Institutionen	02.05.2017

Aus dem Maschinenraum der Macht

Die Würde der Vorsitzenden ist antastbar	04.06.2019
Wir schaffen das nicht	26.09.2017
Wir dummen Deutschen	27.10.2016
Bundesrepublik – du alte Jungfer	22.05.2018
Phoenix aus Christian Wulffs Asche	20.03.2012
Nicht Komplizen, sondern Kontrolleure der Macht	10.01.2012

Urbi et Orbi

Kein Sturm der Entrüstung	05.08.2014
Der Traum vom Sozialismus ist längst ausgeträumt	14.05.2019
Tut nichts, der Andersdenkende wird verbrannt	08.07.2014
Erdogan – der türkische Patient	26.07.2016
Despotenvirus im Weißen Haus	07.02.2017
Großes Theater, großes Kino, große Bücher	19.08.2014
Wo das Ewige die Szene beherrscht	21.08.2012

Alltag

Das Schweigen der Männer	26.06.2012
Ärzte angreifen, Polizisten schlagen, Plätze vermüllen	08.01.2019
Was gehen den Bock die Lämmer an	11.08.2018
Vulven malen und Bagger blockieren	25.06.2019